Karl Beyer

Werkbuch Gemeindejugendarbeit

Tips für die Praxis

R. BROCKHAUS VERLAG WUPPERTAL

ABCteam

Bücher, die dieses Zeichen tragen, wollen die Botschaft von Jesus Christus in unserer Zeit glaubhaft bezeugen.

ABCteam-Bücher erscheinen in folgenden Verlagen:
Aussaat- und Schriftenmissions-Verlag Neukirchen-Vluyn
R. Brockhaus Verlag Wuppertal / Brunnen Verlag Gießen
Christliches Verlagshaus Stuttgart / Oncken Verlag Wuppertal und Kassel

2. überarbeitete Auflage 1986

Umschlaggestaltung: Carsten Buschke, Leichlingen 2
Umschlagfoto: H. Lachmann, Düsseldorf
Gesamtherstellung: Breklumer Druckerei Manfred Siegel KG
ISBN 3-417-12825-0

Inhalt

Einleitung: Was dieses Werkbuch will

Arbeit an jungen Menschen geschieht im christlichen Bereich auf vielfältige Weise. Es ist erstaunlich, wieviel Engagement auf diesem Gebiet zu finden ist. Niemand vermag zu sagen, wie groß die Zahl der ehrenamtlichen Mitarbeiter und Helfer ist, die sich um die Betreuung und Programmgestaltung in den vielen Gruppen von jungen Menschen mühen; und das oft mit erfreulichen Ergebnissen. Es gibt Gruppen, die zahlenmäßig wachsen, wo evangelisiert und soziale Verantwortung wahrgenommen wird. In der Tat, eine positive Entwicklung.

Das darf uns nicht darüber hinwegtäuschen, daß andere Jugendgruppen, gerade auch im christlichen Bereich, mit vielen Schwierigkeiten zu kämpfen haben. Man spricht von »Gesundschrumpfung« und umschreibt damit oft nicht nur zahlenmäßigen Rückgang. Bestimmte Krisen kehren in schöner Regelmäßigkeit wieder. Mitarbeiter steigen aus, weil sie sich überfordert fühlen oder einfach keine Lust mehr haben. Fehlende Übereinstimmung unter den Mitarbeitern lähmt ganze Gruppen und läßt sie in Grüppchen zersplittern. Resignation blockiert, auch wenn sie als Realismus ausgegeben wird. Wo liegen die Ursachen, wie kann geholfen werden?

So unterschiedlich wie die Ursachen, so zahlreich sind die Antworten. Mit Patentlösungen kann man hier nicht helfen. Und doch ließe sich manches Problem vermeiden, wenn bestimmte Voraussetzungen für die Arbeit bedacht und berücksichtigt worden wären. Die angewandte Methode entscheidet mit darüber, was am Ende herauskommt oder auch nicht herauskommt. Guter Wille allein reicht bei vielen Aufgaben nicht aus. Etwas Sachkenntnis und eine vernünftige Planung gehören auch dazu. Wer außerdem nicht so recht weiß, was er eigentlich als Ziel der Arbeit anstreben soll, wird einen starken Zickzack-Kurs steuern.

Hier will das Werkbuch Hilfestellung geben. Es ist aus der Praxis entstanden und für die Praxis gedacht. Wer großartige Theorien und scharfsinnige Analysen erwartet, wird vergeblich danach suchen. Wer einige Tips für die praktische Arbeit in der Gruppe und mit der Gruppe erhofft, wird möglicherweise Brauchbares finden. Wenn für die Mitarbeiter in der gemeindlichen Jugendarbeit neben etlichen Anregungen zugleich neue Ermutigung zum Dienst an jungen Menschen gegeben würde, hätte das Werkbuch seinen Zweck erfüllt.

1. Begründung der Gemeindejugendarbeit

Was heißt Gemeindejugendarbeit?

Warum sprechen wir von Gemeindejugendarbeit, nicht einfach von christlicher oder evangelischer Jugendarbeit? Sind das lediglich austauschbare Bezeichnungen für ein und dieselbe Sache? Selbstverständlich handelt es sich nicht um Gegensätze. Gemeindejugendarbeit muß immer zugleich evangelische, d.h. evangeliumsgemäße Jugendarbeit und christliche, d.h. auf Christus bezogene Jugendarbeit sein. Und doch soll durch die Bezeichnung bewußt ein weiterer Aspekt verdeutlicht werden, der für unsere Jugendarbeit unaufgebbar ist. Jugendarbeit ist Teil der Gemeindearbeit, keine selbständige Größe. Sie muß sich als Teil eines Ganzen verstehen, nie als das Ganze selbst. Das Ganze ist die Gemeinde Jesu Christi, in deren Mitte und Auftrag die Jugendarbeit einen wichtigen Platz hat.

Wo immer es in der Praxis Jugend *und* Gemeinde gibt, muß es zur Jugend *in der Gemeinde* kommen. Das liegt einmal in der Sicht begründet, die das Neue Testament von der Gemeinde Jesu vermittelt. Die Gemeinde umfaßt alle, die sich in die Lebensgemeinschaft mit dem erhöhten Herrn rufen ließen; sie darf deshalb nicht auf eine »Erwachsenengemeinde« beschränkt werden. Zum anderen erweist es sich als seelsorgerliche Aufgabe, gemeindeintegrierte Jugendarbeit zu treiben. Wie anders kann über das eigentliche Jugendalter hinaus eine Kontinuität in bezug auf Gemeinschaft und Dienst erreicht werden? Wo sind heute die vor Jahren so aktiven, eifrigen Mitarbeiter der verschiedenen Gruppen? Leider hat sich nicht immer eine ebenso aktive Mitarbeit in anderen Bereichen angeschlossen. Teilweise haben junge Leute, die über Jahre hin die Gruppenstunden besuchten, heute keinerlei Kontakt zu einer Gemeinde von Christen. Ist das lediglich eine Frage an die Betreffenden? Muß hier nicht die Struktur unserer Jugendarbeit hinterfragt werden, ob sie wirklich Gemeindejugendarbeit ist, d.h. sich als Teil der Gemeindearbeit versteht und deshalb auch zum verbindlichen Leben in der Gemeinde verhilft?

Biblische Begründung

Wir müssen noch etwas grundsätzlicher fragen. Warum machen wir überhaupt Jugendarbeit? Weil es sie schon immer gegeben hat? Tradition, auch wenn sie gut sein mag, ist noch keine Begründung. In nicht wenigen Gemeinden wird Jugendarbeit als Sorge um den Gemeindenachwuchs verstanden. Dahinter steht die Angst um die Existenz der Gemeinde. Angst hat sich aber nur selten als Motiv erwiesen, das zu positiven Ergebnissen geführt hat. Oder reicht es, wenn Mitarbeiter in ungebrochener Vitalität in der Jugendarbeit ein Feld der Betätigung und auch Bestätigung finden? Warum treiben wir Jugendarbeit?

Die eigentliche Begründung liegt in den Aussagen des Wortes Gottes. Schon im Alten Bund wird »Jugendarbeit« angeordnet. »Wenn dann dein Sohn dich künftig fragt: Was hat es denn mit den Zeugnissen, den Satzungen und den Verordnungen auf sich, die der Herr, unser Gott, euch geboten hat?, so sollst du deinem Sohne antworten . . .« (5. Mose 6,20.21a). Gott selbst berücksichtigt hier die Tatsache, daß die nachfolgende Generation (= Jugend) nicht ohne weiteres Zugang zu den Glaubenserfahrungen der Väter hat. Gott gesteht das Recht zum Fragen zu und verpflichtet die Älteren, durch entsprechende Antworten den Zugang zu den Geboten Gottes und zu seinem Heilshandeln zu ermöglichen. Geistliche Wahrheiten dürfen demnach nicht einfach proklamiert, sondern müssen einsichtig gemacht werden, gerade der jungen Generation.

Die stärkste biblische Begründung der Jugendarbeit finden wir jedoch im Missionsbefehl Matth. 28,19–20a: »Gehet hin und macht alle Völker zu Jüngern, tauft sie auf den Namen des Vaters, des Sohnes und des Heiligen Geistes und lehrt sie alles halten, was ich euch geboten habe.« Wenn alle Völker zu Jüngern gemacht werden sollen, darf die junge Generation nicht ausgeschlossen werden. Der Missionsbefehl ist mit Sicherheit nicht nur geographisch zu verstehen, er umschließt zugleich alle sozialen und altersmäßigen Gruppierungen. Er beschränkt sich nicht auf den Ruf in die Nachfolge, sondern schließt das »lehrt sie alles halten« mit ein. Gemeindejugendarbeit ist demnach eine Frage des Gehorsams dem Befehl des auferstandenen Herrn gegenüber. Hier werden junge Menschen zum Glauben gerufen und in die Nachfolge eingeübt, nicht weil Mitarbeiter dieses »Hobby« zur Selbstbestätigung brauchen, sondern weil unser Herr es geboten hat. Diese Gewißheit des Auftrags tut not und hilft uns, den Dienst an jungen Menschen nicht vom Lustprinzip abhängig zu machen.

Zielsetzung der Gemeindejugendarbeit

Die biblische Begründung hat bereits die Antwort auf die Frage nach der Zielsetzung erbracht. *Ziel unserer Jugendarbeit ist die Hinführung zur gelebten Jüngerschaft!* Es geht um den Ruf in die Nachfolge Jesu und um die Bewährung in ihr. Nicht die Bedürfnisse der Jugendlichen oder ihre Ansprüche und Erwartungen stehen an erster Stelle, sondern der Herrschaftsanspruch Jesu Christi! Haben wir uns in dem ständigen Streit über bedürfnis- oder zielorientierte Jugendarbeit damit einseitig für die letztere entschieden? Nein, weil Bedürfnis- und Zielorientierung keine echten Gegensätze darstellen. Ist es denn erwiesen, daß die Befriedigung der Bedürfnisse von jungen Menschen tatsächlich durch die Erfüllung ihrer Wünsche geschieht, und zwar dauerhaft geschieht? Tritt es nicht je länger je mehr deutlich zutage, daß in einem Leben bewußter Nachfolge zugleich auch die wirklichen Bedürfnisse von jungen Leuten erfüllt werden? Wo findet die Frage nach einem sinnerfüllten Leben, wo die Sehnsucht nach Gemeinschaft eine bessere Antwort als in froh und zugleich konsequent gelebter Jüngerschaft? Wir lassen uns nicht in eine falsche Alternative von ziel- oder bedürfnisorientierter Jugendarbeit drängen. Eine am biblischen Auftrag ausgerichtete Arbeit erfüllt zugleich die wirklichen Bedürfnisse der jungen Menschen.

Wie steht es aber mit der oft vehement vorgetragenen Forderung, zur Ichfindung oder Selbstverwirklichung verhelfen zu müssen? Ist es nicht in besonderer Weise die Aufgabe unserer Arbeit unter jungen Menschen, ihnen gerade hier Hilfestellung zu geben? Mit anderen Worten, liegt nicht hier die Zielsetzung gerade auch der Gemeindejugendarbeit? Die Frage muß anders gestellt werden. Nicht darüber darf die Auseinandersetzung geführt werden, *ob* diese Aufgabe legitim ist, sondern *wie* sie erfüllt werden kann. Gehen wir dabei von dem Menschenbild der Aufklärung aus, daß der Mensch selbst gut ist, so liegen die Hindernisse für seine Selbstverwirklichung tatsächlich ausschließlich in den Fakten außerhalb seiner selbst, etwa in den gesellschaftlichen Zwängen und überkommenen Rollenvorstellungen, die es dann zu überwinden gilt. Die Bibel vermittelt jedoch ein anderes Menschenbild. Nach der Heiligen Schrift ist der Mensch nach Gottes Bild geschaffen und hat von daher einen unermeßlichen Wert. Aber er ist versklavt unter die Sünde, ein Gebundener seiner Leidenschaften. Er ist erlösungsbedürftig. Die Bibel zeigt zugleich den Weg der Erlösung und Befreiung durch Jesus Christus. Auf diesem Wege kommt es dann zur Entfaltung der Gaben und Kräfte, zur Ichfindung, zur Persönlichkeitsentfaltung. »Wer sein Leben verliert um meinetwillen, der wird es finden«, Matth. 16,25b. Wenn wir junge Menschen in die Nachfoge Jesu rufen, dann geschieht dies im Gehorsam diesem Herrn gegenüber, zugleich aber auch in der Erkenntnis, daß wir damit den Weg zu einem wirklich lohnenden und erfüllten Leben weisen. Gerade die Forderung, zur Ichfindung und Selbstverwirklichung verhelfen zu müssen, läßt uns noch eindeutiger die Zielsetzung der Gemeindejugendarbeit bejahen: Hinführung zur gelebten Jüngerschaft!

Ist die Frage nach der Zielsetzung von solch grundsätzlicher Bedeutung? Genügt es nicht, wenn die Arbeit schlicht getan wird? Aufbau und Durchführung der Jugendarbeit ergeben sich zwangsläufig aus der Zielsetzung, die verwirklicht werden soll. Wer keine klare Vorstellung hat, was letztlich verwirklicht werden soll, wird jedem Modetrend Raum geben. Die Arbeit wird dann nicht von einem klar erkannten und bejahten Ziel bestimmt, sondern von dem, was gerade »in« ist. Fehlende Gewißheit über Auftrag und Ziel wird sich bei eventuellen Krisen negativ bemerkbar machen, weil Mitarbeiter verunsichert aufzugeben drohen. Ein klares, biblisch begründetes Ziel ist für die Durchführung der Jugendarbeit absolut notwendig. Die jeweiligen Mitarbeiter werden sich zu bemühen haben, bis sie zu gemeinsamer Sicht, und dies in voller Einmütigkeit, gekommen sind.

2. Aufbau der Gemeindejugendarbeit

Von der Zielsetzung her ist es möglich, die Frage nach Aufbau und Struktur der Jugendarbeit zu klären. Methoden und Strukturen haben keinen Selbstzweck, sondern helfen, das Ziel zu verwirklichen. Sie sind zu überprüfen, ob sie dieser Forderung entsprechen. Welche Überlegungen sind nun nötig, wenn es um den Aufbau der Gemeindejugendarbeit geht?

Dem Evangelium gemäß

Als Evangelium bezeichnen wir die frohe Nachricht von Jesus Christus, dem menschgewordenen Sohn Gottes, der nicht nur den Kreuzestod erlitt, sondern auferstanden ist und damit lebendig und gegenwärtig ist. Evangelium beinhaltet deshalb auch den Ruf zur Umkehr, in die Gemeinschaft mit diesem Herrn. Der Aufbau der Gemeindejugendarbeit muß so geschehen, daß der Ruf und die Einübung in die Nachfolge den Schwerpunkt bilden und nicht etwa ein kümmerliches Dasein am Rande fristen. Dieser Ruf zum Glauben geschieht durch die Verkündigung des Evangeliums. »Der Glaube kommt aus der Predigt«, Röm. 10,17. Aber auch Wachstum und Bewährung im Glauben geschehen nicht ohne das Wort Gottes. Wenn es um den Aufbau der Jugendarbeit geht, wird deshalb der Bibelarbeit die zentrale Stelle einzuräumen sein, die ihrer Bedeutung entspricht.

»Dem Evangelium gemäß« bedeutet noch mehr. Die Verkündigung des Evangeliums ruft nicht nur in die Nachfolge Jesu, sondern schafft damit zugleich Gemeinschaft und stellt in Dienst. Die von Christus Gerufenen und Befreiten leben nicht mehr isoliert für sich selbst, sie wissen sich in die Gemeinschaft der Christen und in den Dienst am Nächsten gerufen. So wird Gemeindejugendarbeit sich nicht nur als Glaubensgemeinschaft verstehen, sondern zugleich auch Lebens-, Missions- und Dienstgemeinschaft sein. Das ergibt entscheidende Weichenstellungen für die Fragen des Aufbaues und der Struktur.

Dem jungen Menschen gemäß

Durch die Jugendarbeit sollen junge Menschen erreicht werden. Deshalb müssen wir uns bemühen, die Jugendlichen und ihre Situation zu verstehen. Wenn es auch *den* Jugendlichen schlechthin nicht gibt, so sind doch jeweils bestimmte Tendenzen zu erkennen. Einige gewinnen dabei ein besonderes Gewicht. Da ist die deutlich zu beobachtende Offenheit für die *Sinnfrage,* zugleich aber auch eine *Resignation,* die ihre Ursache unter anderem in der Ausbildungs-, Studien- und Arbeitsplatzsituation hat. Zu der *Bereitschaft zum Engagement* kommt andererseits eine auffallende *Zunahme depressiver Störungen,* die für das erschreckende *Ansteigen von Süchten* mitverantwortlich gemacht wird. Da ist *Sehnsucht nach Erneuerung und Freiheit,* zugleich aber auch *Unsicherheit,* hervorgerufen durch die *Orientierungslosigkeit,* weil Werte und Normen relativiert oder gar zerstört worden sind.

Diese und andere Tendenzen gilt es zu berücksichtigen, wenn die Arbeit nicht an den eigentlichen Adressaten vorbei geschehen soll. Hier ergeben sich zugleich Konsequenzen, etwa in Richtung des Angebotes einer tragfähigen Gemeinschaft und des helfenden persönlichen Gesprächs.

Altersspezifischer Aufbau

Wann beginnt das Jugendalter, wann endet es? In nicht wenigen Gruppen wird der vor Jahren übliche Einschnitt beibehalten, der durch die Schulentlassung gegeben war. Mit 14 Jahren begann der »Ernst des Lebens«, mit diesem Alter begann auch die Zugehörigkeit zur Jugendgruppe. Die Schulentlassung liegt heute frühestens bei 15 Jahren, vielfach aber noch darüber. Wichtiger ist, daß bei dieser Aufgliederung zwischen Kinder- und Jugendarbeit die entwicklungsbedingten Altersphasen nicht berücksichtigt worden sind. Wie würde eine den Altersphasen entsprechend konzipierte Jugendarbeit aussehen?

Verdeutlichen wir uns zunächst die einzelnen Entwicklungsphasen anhand eines entwicklungspsychologischen Schemas:

1. *Das Kind*	
a) Frühkindliche Phase (1–2)	Entwicklung des Objektbewußtseins, Bewegungsgestaltung, Erfassung der Dinglichkeit
b) Trotzperiode (3–4)	Wendung zum Subjekt, erste Stellung zu Sinn und Wert
c) Latenzperiode (5–6)	Einordnung in die Umwelt, Objektbeziehung
d) Vorpubertät (8–11/12)	Erste Konzeption der Begriffe: Leistung, Pflicht, Aufgabe
2. *Der Jugendliche*	
a) Pubertät (negative Phase) (Mädchen 11–13) (Jungen 12–15)	Erneute Hinwendung zum Subjektiven, Disharmonisierung, Gespaltenheit, Protest in jeder Form
b) Pubertät (positive Phase) (Mädchen 14–17) (Jungen 16–18)	Reharmonisierung, Skala der Werte, Hinwendung zum Objekt, kritische Auseinandersetzung mit der Umwelt
c) Adoleszenz (Mädchen ab 17) (Jungen ab 18)	Synthese von Objekt- und Subjektbezügen, Hingabe an das Du
3. *Der junge Erwachsene* (20–30)	Entwurf der eigenen Existenz, Selbstverwirklichung, Zielsetzung des Lebens
4. *Der Erwachsene* (30–50)	Aufbau, Spezifizierung der eigentlichen Bindungen und Entscheidungen

(Walter Wanner, Jugend aktiv, Gießen 1971, S. 22)

W. Wanner zieht aus diesen Phasen mit ihren entsprechenden Entwicklungsstufen und Verhaltensweisen die richtige Schlußfolgerung, daß der Schwerpunkt unserer Jugendarbeit auf der Sammlung und Erziehung (Weg-Führung) der Jugendlichen zwischen 9 und 15 Jahren liegen muß. Was hier versäumt wird, läßt sich später kaum noch aufholen.

Ein dieser Sicht entsprechender Aufbau der Jugendarbeit würde etwa wie folgt aussehen:

Jungschar	9–12. J.	(evtl. unterteilt in 9+10 J. und 11+12 J.)
Teenagergruppe	13–14(15) J.	
Jugendgruppe	15–18(19) J.	
Junge Erwachsene	19–ca. 25 J.	

Die Frage nach dem speziellen Programm und der Methodik, die den jeweiligen Altersgruppen entsprechen, kann an dieser Stelle nicht bedacht werden. Daß sie den verschiedenen Altersgruppen gemäß sein müssen, ist selbstverständlich.

Was soll aber geschehen, wenn am Ort Gruppen bestehen, die dem aufgezeigten Schema nicht entsprechen? Grundsätzlich gilt: Was organisch gewachsen ist, darf nicht gewaltsam verändert werden. Eine Gruppe mag von ihrer Zusammensetzung her nicht einer einzelnen Altersphase zuzuordnen sein und kann doch ihre volle Identität besitzen. Hier mag es ratsam sein, mit den nachrückenden Jugendlichen zugleich zu neuen altersmäßigen Gruppierungen zu kommen. Da die Entwicklung der einzelnen jungen Menschen sehr unterschiedlich verläuft, wird man zudem die Übergänge von einer Gruppe zur anderen etwas fließend handhaben müssen.

Struktureller Aufbau

Auch hier gilt wieder: organisch Gewachsenes nicht zerstören, wenn es sich bewährt. Es gibt keine Form der Jugendarbeit, die als die einzig richtige an jedem Ort verwirklicht werden müßte. Andererseits wird zu Recht nach einer Struktur der Gemeindejugendarbeit gefragt, die sich bei der Verwirklichung der Zielsetzung als hilfreich erweist. Empfehlenswert ist ein struktureller Aufbau in drei konzentrischen Kreisen. Entscheidend ist der *Mitarbeiterkreis,* der die Jugendarbeit trägt und verantwortet. Er setzt sich aus den ehrenamtlichen Mitarbeitern zusammen, die die verschiedenen Aufgaben in der Jugendarbeit wahrnehmen. Da der Mitarbeiterkreis das tragende Fundament der gesamten Arbeit darstellt, wird er uns im folgenden Kapitel besonders beschäftigen. Der zweite Kreis ist die *Jugendgruppe* selbst. Sie mag als eine einzige Gruppe existieren oder sich in altersmäßige und aktionsorientierte Gruppen gliedern. Der Zusammenhalt und die Ausrichtung werden durch die Mitarbeiter gewährleistet. Diese Gruppen praktizieren nicht die sogenannte »offene Arbeit«, deren Kennzeichen die Unverbindlichkeit der einzelnen jungen Besucher ist. Dennoch sind die Gruppen offen für jedermann. Der dritte Kreis ergibt sich aus den *Aktionen der Jugendgruppe,* wie Offener Abend, Jugendwoche, missionarische Freizeit, eventuell Teestube, Straßenmission und ähnlichem. Hier werden vornehmlich Außenstehende angesprochen. In der Durchführung ist möglichst die Gesamtgruppe beteiligt und nicht nur der Mitarbeiterkreis. Die Häufigkeit solcher Aktionen hängt weitgehend von den Kräften und Möglichkeiten der Gruppe ab. Dabei ist ständig darauf zu achten, daß die Zielsetzung der Jugendarbeit deutlich im Blickfeld bleibt und angestrebt wird.

3. Aufgabe und Funktion des Mitarbeiterkreises

Die Aufgabe des Mitarbeiterkreises

Ganz allgemein formuliert: Die Aufgabe des Mitarbeiterkreises besteht in der Durchführung der Jugendarbeit am Ort. Damit ist ihm nicht die alleinige Verantwortung übertragen. Wenn wir dabei bleiben wollen, daß Jugendarbeit Teil der Gemeindearbeit ist, liegt die letzte Verantwortung bei der Gemeindeleitung. Diese hat die Zielsetzung festzulegen, um dann die Mitarbeiter mit der Durchführung zu beauftragen. Der Mitarbeiterkreis entwickelt die Konzeption, die zur Verwirklichung der Zielsetzung hilft und die zugleich die jeweiligen Gegebenheiten berücksichtigt. Die Aufgabe des Mitarbeiterkreises besteht demnach in der Planung, Durchführung und Kontrolle der Jugendarbeit in allen ihren Aktivitäten und Einzelgruppen. Hier wird die Bedeutung des Mitarbeiterkreises deutlich: Mit ihm steht und fällt die jeweilige Jugendarbeit! Der Jugendkreis oder einzelne Aktions- und Interessengruppen mögen zahlenmäßigen Schwankungen unterworfen sein, gehen eventuell durch Krisen hindurch; solange die Mitarbeiter ihren Auftrag bejahen und gemeinsam zu verwirklichen suchen, wird die Arbeit nicht zerbrechen.

Was gehört im einzelnen zur Durchführung der Arbeit? Es beginnt mit der Entwicklung der Konzeption: Wie kann an unserem Ort, in der Gemeinde, deren Glieder wir sind, am besten Jugendarbeit getan werden? Was ist bisher geschehen, welche Gruppen sind vorhanden? Welche Altersgruppen sind zu wenig berücksichtigt, eventuell überhaupt nicht erfaßt? Wie kann die Jugendarbeit als Glaubens-, Lebens- und Dienstgemeinschaft durchgeführt werden? Welches Angebot an Gruppenzusammenkünften ist demnach notwendig? Weiter: wie sind Planung und Durchführung des Programms vorzunehmen? Auch wenn die übrigen Jugendlichen der Gruppe möglichst am Programm beteiligt werden sollen, bleibt die Verantwortung beim Mitarbeiterkreis.

Eine nicht minder wichtige Aufgabe der Mitarbeiter ist der seelsorgerliche Dienst. Hierzu gehören das Gespräch mit Nichtchristen über den Glauben, die Hilfe für einzelne zum Wachstum im Glauben, das Sich-Kümmern um die Randsiedler der Gruppe. Praktiziert wird dieser Dienst vornehmlich im Einzelgespräch, entweder durch

Hausbesuche oder Einladungen in die eigene Wohnung (daß diese Aufgabe nicht gemischt-geschlechtlich wahrgenommen werden darf, sei hier bereits deutlich erwähnt). Die Wichtigkeit von Hausbesuchen durch die Mitarbeiter kann nicht stark genug betont werden.

Der Mitarbeiterkreis sorgt zusätzlich dafür, daß der Gemeindebezug der Arbeit auch in der Praxis durchgehalten wird. Er kümmert sich ferner um überörtliche Kontakte unter dem Gesichtspunkt, wie gegenseitiger, bereichernder Austausch geschehen kann.

Voraussetzungen für die Mitarbeiterschaft

Wer kann Mitarbeiter sein, welche Voraussetzungen müssen erfüllt sein? Empfehlenswert ist eine Unterscheidung von Helfer und Mitarbeiter. Helfer werden bei der Durchführung der Jugendarbeit beteiligt und mit Einzelaufgaben betraut. Sie lernen auf diese Weise, Verantwortung wahrzunehmen, entdecken im Dienst ihre Fähigkeiten und können sie entfalten. Vielfach vorhandene Bereitschaft zum Engagement wird auf diesem Weg genutzt und braucht nicht brachzuliegen. Helfer kann grundsätzlich jeder Jugendliche in der Gruppe sein, der sich mit einsetzen möchte. Worin liegt der Unterschied zum Mitarbeiter? Die Mitarbeiter beteiligen sich nicht nur aktiv bei der Durchführung der Jugendarbeit, sie sind zugleich die dafür Verantwortlichen (Leitungsteam). Der Mitarbeiterkreis rekrutiert sich aus den Helfern, die mehr und mehr in die Mitverantwortung hineinwachsen, ist aber doch ein verbindlicher Kreis von solchen, die auch namentlich bekannt sind.

Welche Voraussetzungen müssen von Mitarbeitern erfüllt sein?

1. Der Mitarbeiter hat eine lebendige persönliche Beziehung zu Jesus als seinem Herrn. Er weiß sich von Gott angenommen durch die Vergebung seiner Schuld. Diese frohmachende Gewißheit ist das Fundament seines Lebens. Die Beziehung zu Jesus wird u.a. durch die regelmäßige persönliche Stille (Bibel und Gebet) deutlich.
2. Der Mitarbeiter bejaht und praktiziert verbindlich die Gliedschaft am Leib Jesu Christi, seiner Gemeinde. Diese Gliedschaft zeigt sich nicht nur in der Zugehörigkeit, sondern in gegenseitiger Ermutigung, Ergänzung und Korrektur.
3. Der Mitarbeiter ist zum Dienst bereit, entsprechend seiner ihm von Gott gegebenen Gaben und Möglichkeiten. Diese Dienstbe-

reitschaft bewährt sich in der aktiven, verbindlichen Teilnahme an den Mitarbeiter- und Gruppenzusammenkünften. Unentschuldigtes Fehlen ist für Mitarbeiter nicht möglich.

Sind die genannten Voraussetzungen in der Praxis durchzuhalten? Viele Gruppen setzen viel niedriger an, um überhaupt Mitarbeiter zu gewinnen. Von einer erwecklichen, lebendigen Jugendarbeit kann dann nur selten gesprochen werden. Eher findet man gesellige Gruppen von jungen Leuten vor, die zugleich einen christlichen Anstrich haben. Das geistliche Niveau des Mitarbeiterkreises bestimmt eben doch Leben und Arbeit der Gesamtgruppe. Wichtiger ist jedoch die Frage: Dürfen wir von Mitarbeitern weniger erwarten, als im Neuen Testament für die Jüngerschaft gefordert wird? Es gibt in den Gruppen mehr junge Leute die zu ganzer Hingabe an ihren Herrn und zum Dienst bereit sind, als normalerweise angenommen wird! Wir wollen den Mut haben, sie zu fordern.

Die Ordnung für den Mitarbeiterkreis

Der Mitarbeiterkreis braucht auf die Dauer eine feste Ordnung. Diese Ordnung ist schriftlich festzulegen. Daß diese Forderung Widerspruch hervorrufen wird, ist verständlich. Viele Mitarbeiterkreise haben ihre Jugendarbeit durchgeführt, ohne je eine Ordnung festgelegt und angenommen zu haben. Warum dennoch die Forderung, eine Ordnung zu haben?

Solange die Mitarbeiter in der Zielsetzung einig sind und die geistliche Substanz gut ist, wird die Arbeit ohne Schwierigkeiten laufen. Sobald aber unterschiedliche Meinungen über das zu verwirklichende Ziel auftreten, sind Spannungen unvermeidlich. Permanente Grundsatzdiskussionen lähmen nach und nach die gesamte Arbeit. Zusätzliche Schwierigkeiten ergeben sich zwangsläufig, wenn die Voraussetzungen, die für die Mitarbeiter gelten, nicht grundsätzlich geklärt sind. Wieviel unnötiger Kräfteverschleiß durch rechtzeitige Absprache und Festlegung dieser Punkte vermeidbar gewesen wäre, ist wohl nicht feststellbar.

Was gehört in eine Mitarbeiterordnung? Die zuvor genannten Fragen nach der Zielsetzung der Jugendarbeit und den Voraussetzungen für die Mitarbeiter sind unumgänglich. Zusätzlich kann die Frage angesprochen werden, wer für die Arbeit verantwortlich ist. Damit ist das Wesentliche gesagt. Wer zusätzlich zu viele Details, etwa in bezug auf die Durchführung der Jugendarbeit, festlegen will, legt der Arbeit unnötige Fesseln an. Die Zielsetzung bleibt, die Methoden müssen den jeweiligen Gegebenheiten angepaßt werden.

Die Mitarbeiterordnung kann etwa wie folgt formuliert werden:

Mitarbeiterordnung der Gemeindejugendarbeit in XY

Zielsetzung: Die Jugendarbeit hat zum Ziel,

1. daß junge Menschen in die Nachfolge Jesu Christi gerufen werden;

2. daß junge Menschen lernen, mit diesem Herrn zu leben –
   durch gemeinsames Hören auf sein Wort,
   durch Gemeinschaft,
   durch Dienst in Verantwortung für andere.

Struktur der Jugendarbeit: Verantwortlich für die Durchführung der Jugendarbeit ist der Mitarbeiterkreis. Er erstellt eine an der Zielsetzung ausgerichtete Konzeption und sorgt für die Vorbereitung und Durchführung der verschiedenen Gruppenzusammenkünfte und Aktivitäten.

Voraussetzungen für die Mitarbeiter:

1. Erfahrung der Lebenserneuerung durch Jesus Christus und Anerkennung seines Herrschaftsanspruches für das eigene Leben;
2. Verpflichtung zur regelmäßigen persönlichen Stille (Wort und Gebet);
3. Bejahung des Lebens in verbindlicher Gemeinschaft;
4. Verbindlichkeit in bezug auf Mitarbeiter- und Gruppenstunden;
5. Bereitschaft zum Einsatz in gegenseitiger Ergänzung;
6. Vorbild im Verhalten dem anderen Geschlecht gegenüber und im Umgang mit Genußmitteln (Alkohol, Nikotin u.a.).

Zunächst noch einige kurze Erläuterungen zu den Voraussetzungen.

1. Blinde Blindenleiter sind laut Jesu Aussage unbrauchbar. Wer anderen helfen will, zu Jesus zu finden und mit ihm zu leben, muß selbst in der Nachfolge stehen. Unsere Glaubwürdigkeit hängt davon ab, ob die anderen unsere persönliche Verbindung zu unserem Herrn als echt akzeptieren. Für diese Echtheit haben sie ein untrügliches Gespür.

2. Wer ständig im Dienst steht und für andere da sein möchte, muß selber auftanken, empfangen. Die Arbeit entartet sonst sehr schnell zu bloßer Betriebsamkeit. Mitarbeiter, die mit ihrer eigenen Stillen Zeit Schwierigkeiten haben, sollten das helfende brüderliche Gespräch in Anspruch nehmen.
3. In verbindlicher Gemeinschaft leben heißt, daß der Mitarbeiter seine Gliedschaft am Leib Christi verwirklicht. Er bejaht und erfährt die gegenseitige Hilfe, Ergänzung und Korrektur. Diese Gemeinschaft wird im Raum der Gemeinde für ihn selbst am stärksten im Mitarbeiterkreis konkret.
4. Mitarbeiter müssen sich aufeinander verlassen können. Ein Fernbleiben von den Mitarbeiter- und Gruppenzusammenkünften sollte nur unter Angabe des Grundes mit Zustimmung der übrigen Mitarbeiter möglich sein.
5. Unlust muß überwunden werden. Mitarbeiter wissen sich von ihrem Herrn in Dienst genommen und lehnen für sich das Lustprinzip ab.
6. Falsch verstandene Freiheit blockiert das geistliche Wachstum und läßt den Mitarbeiter unglaubwürdig werden. Besonders um des seelsorgerlichen Dienstes willen ist das Vorbildsein unverzichtbar.

Der Mitarbeiterabend

Wie häufig kommen die Mitarbeiter zusammen, wie werden Mitarbeiterabende gestaltet? Mancherorts treffen sich die Mitarbeiter monatlich oder vierteljährlich, um die Programmgestaltung für die nächsten Wochen vorzunehmen. Das erweist sich als zu wenig. Die beste Lösung ist zweifellos der wöchentliche Mitarbeiterabend. Sollte er nicht durchführbar sein, ist ein vierzehntägliches Treffen anzustreben.

Was geschieht an einem Mitarbeiterabend? An erster Stelle sollte nicht die Planung der Arbeit, sondern die geistliche Zurüstung der Mitarbeiter stehen. Hier ist der Raum, wo die Mitarbeiter selbst empfangen und auftanken können. Das kann geschehen, indem ein gemeinsamer Bibeltext zunächst von jedem still bedacht wird, ehe man zum Austausch darüber kommt. »Was verstehe ich nicht? Was ist für mich besonders wichtig, was geht uns Mitarbeiter an?« sind Fragen, die das Gespräch über den Text einleiten können. Das gemeinsame Hören auf das Wort muß einen zeitlich festgelegten Raum innerhalb des Abends haben und sollte auch mit gemeinsamem Gebet abgeschlossen werden. Die sich anschließenden Planungen, Informationen und der Erfahrungsaustausch kommen nicht zu kurz, weil die vorangegangene Stille vor Gott zur Konzentration verhilft. In den Mitarbeiterabend gehören:

Gemeinsame Stille vor Gott und Gebet –
Planung des normalen Programms –
Auswertung und Erfahrungsaustausch –
Austausch und Beratung über Probleme, die den Mitarbeiter oder die Gruppe betreffen –
Planung und Vorbereitung von Sonderaktionen.

Von Zeit zu Zeit sollte ein Mitarbeiterwochenende durchgeführt werden. Hier ist zusätzlich Raum für die geistliche Zurüstung der Mitarbeiter, zugleich auch Gelegenheit, die Jugendarbeit von der vorgegebenen Zielsetzung her zu überprüfen und eventuell zu korrigieren. Nicht zuletzt fördern die Wochenenden den Kontakt unter den Mitarbeitern. Das macht sich in der Arbeit positiv bemerkbar.

Wie gewinnen wir zur Mitarbeit?

Das ist allerdings die notvolle Frage nicht weniger Jugendgruppen. Es herrscht mancherorts ein akuter Mangel an Mitarbeitern, es fehlt die Bereitschaft, Verantwortung zu übernehmen. Diese Situation führt dann zur Überlastung der wenigen, die die gesamte Arbeit durchzuziehen haben. Überlastete Mitarbeiter strahlen aber keine Freude aus, und die Atmosphäre in der Gruppe leidet darunter. Das wiederum ermutigt keinesfalls zum Mittun. Ein Teufelskreis, der nicht zu durchbrechen ist? Was ist zu tun?

1. Mitarbeiter wollen erbeten sein. Das Gewinnen von Mitarbeitern beginnt mit dem intensiven Gebet, denn auch hier gilt: ». . . und wenige sind der Arbeiter. Darum bittet den Herrn der Ernte, daß er Arbeiter sende.«
2. Eventuell vorhandene Hindernisse aufspüren und beseitigen. Hier kann durchaus einmal eine »Meinungsforschung« weiterhelfen. Möglicherweise sind potentielle Mitarbeiter grundsätzlich oder auch an bestimmten Stellen mit der Praxis der Arbeit nicht einverstanden. Wichtig ist, daß andere Meinungen nicht

sofort unterdrückt werden. Im gemeinsamen Gespräch den bestmöglichen Weg finden! Weitere mögliche Hindernisse:
Haben die Jüngeren den Eindruck gewonnen, daß sie nicht ernst genommen werden, daß man ihnen im Grunde nichts zutraut?
Liegt es etwa am autoritären Verhalten bestimmter Mitarbeiter?
Herrscht in der Gruppe eine allgemeine Kritiksucht (manche Gruppen sind förmlich mit diesem Krankheitsbazillus verseucht)?
Ist das Arbeiten in der Gesamtgruppe durch Cliquenbildung erschwert?

3. Zur Mitarbeit gewinnen!
   Wie kann das geschehen? Es gilt, die Stärke (= die Gabe) des anderen zu entdecken und ihn entsprechend einzusetzen. So werden passive Mitglieder der Gruppe zu aktiven. Sie gewinnen Freude am Mittun und werden eventuell bereit, in verbindlicher Weise Verantwortung zu übernehmen. Oftmals liegt die Ursache für die fehlende Bereitschaft zur Mitarbeit in dem richtigen Empfinden, überfordert zu sein. Zur Mitarbeit gewinnen heißt hier, zur Mitarbeit befähigen! Nachwuchskräften muß durch Schulungen die nötige Sachkenntnis vermittelt werden.
   Zur Mitarbeit gewinnen wir nicht zuletzt durch eine ansteckende Begeisterung. Das Stöhnen und mitleidheischende Seufzen der vorhandenen Mitarbeiter wird gewiß niemanden veranlassen, sich zur Verfügung zu stellen. Hier müssen sich die Mitarbeiter ehrlich prüfen, ob sie Ps. 100 Vers 2 buchstabiert haben: »Dienet dem Herrn mit Freuden!« Es muß für die anderen erkennbar sein: Mitarbeit ist kein Spaziergang, fordert vollen Einsatz, ist aber frohmachend und erfüllend.

Jugendleiter, ja oder nein?

Vor etlichen Jahren war diese Fragestellung undenkbar. Zur Jugendarbeit gehörte der Jugendleiter, sonst erschien sie nicht durchführbar. Dann kam die »Demokratisierungswelle« bis hin zur Ablehnung jeglicher vorgegebenen Autorität. »Opas Jugendleiter« war für viele Jugendgruppen tot. Ist er inzwischen wieder lebendig geworden? Der Jugendleiter alten Stils ist tot und wird es wohl bleiben. Das ist gut so. Was hat ihn gekennzeichnet? Vielfach wurde er eingesetzt und damit der Jugendgruppe vorgesetzt, ohne in jedem Fall zu prüfen, ob er wirklich der geeignete Mann war. In der Praxis plante und entschied der Jugendleiter oft genug, ohne die Gruppe in den Entscheidungsprozeß einzubeziehen. Mitarbeiter waren demnach Erfüllungsgehilfen, die die ihnen zugeteilten Teilaufgaben ausführten.

Dann kam die Zeitspanne, in der jegliche Führung abgelehnt wurde. Das führte teilweise zu starker Unsicherheit und Richtungslosigkeit der Arbeit. Seit einigen Jahren ist an verschiedenen Orten wieder der Jugendleiter zu finden, jedoch keineswegs alten Stils. Vielfach sind es Ehepaare oder auch einzelne, die voll im Mitarbeiterkreis integriert sind. Man kann ihre Funktion am leichtesten mit der Rolle des Trainers im Sport vergleichen. Sie machen das Spiel nicht selbst, sondern beraten, ermutigen, korrigieren, geben Anstöße. Ihre wichtigste Aufgabe scheint die persönliche Seelsorge in der Gruppe einschließlich des Mitarbeiterkreises zu sein. Wo lebendige Jugendarbeit geschieht, ist fast immer (wenn auch oft im Hintergrund) der Jugendleiter neuen Stils zu finden. Er ersetzt nicht den Mitarbeiterkreis, sondern läßt ihn voll funktionsfähig werden.

4. Die Programmgestaltung

Wohl die häufigste Frage in der örtlichen Jugendarbeit lautet: Was sollen wir denn mal machen? Gemeint ist dann das Programm für die Gruppenstunden der nächsten Wochen. Vielfach wird von Augenblicksideen ausgehend geplant. Zugleich erliegt man der Versuchung, um jeden Preis ein attraktives Programm vorweisen zu können. Dahinter steht die durchaus positiv zu wertende Absicht, an junge Menschen heranzukommen. Man möchte die Jugendlichen durch ein anziehendes Programm zusammentrommeln, um ihnen dann auch noch irgendwann Gottes Wort zu sagen. Die Erfahrung zeigt, daß dieses Konzept auf die Dauer nicht zum erwünschten Ziel führt. Bei den jungen Menschen wird eine Konsumhaltung erzeugt, die sie ständig mehr Attraktion fordern läßt. Es muß immer was los sein, möglichst viel Neues geboten werden. Bibelarbeiten werden verschämt höchstens einmal im Monat angeboten. Mehr kann man den Jugendlichen nicht zumuten, so wird zumindest argumentiert. (Bibelarbeiten, die zugemutet werden, sind allerdings meist auch eine Zumutung!)

Wie soll aber sonst geplant werden? Entscheidend ist nicht die Frage, wie man ein interessantes Programm erhält, sondern wie die Zielsetzung der Jugendarbeit verwirklicht werden kann! Unser Programm ist kein Selbstzweck, sondern soll Hinführung und Einübung in die Nachfolge Jesu Christi ermöglichen. Daran ist jedes Programm zu messen.

Was gehört zur Nachfolge? Bei der Überlegung über den Aufbau der Gemeindejugendarbeit wurde deutlich, daß Nachfolge sich verwirklicht als Glaubens-, Lebens- und Dienstgemeinschaft. Der zweite Aspekt, die Lebensgemeinschaft, ist aber in der Vergangenheit oft zu kurz gekommen. Die wöchentliche Gruppen- oder Jugendstunde reicht als Angebot einer Lebensgemeinschaft nicht aus. Die heute oft problematische Frage einer sinnvollen Freizeitgestaltung wird uns noch besonders beschäftigen. Unter Berücksichtigung beider Anliegen, Lebensgemeinschaft und Freizeitgestaltung, erscheint folgendes Angebot richtig und notwendig: Neben dem wöchentlichen Bibelkreis für junge Leute wird möglichst am Wochenende ein zweites Zusammensein der Gruppe angesetzt. Hier ist dann Raum zum Aufarbeiten von aktuellen Fragen und Problemen, im Wechsel etwa mit kreativen und musischen Abenden. In dieses zweite Treffen der

Gruppe lassen sich ebenfalls die Sonderveranstaltungen einbauen (Offene Abende, Missionsabende, Referate über besondere Themen usw.). Sofern ein zweimaliges Zusammensein pro Woche absolut undurchführbar ist, müssen die verschiedenen Anliegen gut aufeinander abgestimmt bei der Programmplanung berücksichtigt werden.

Jahresziel – Teilziele

Könnten sich nicht einige »Experten« in Klausur begeben, um für alle Gruppen das ideale Programm zu entwerfen? Der Dank vieler geplagter Mitarbeiter wäre ihnen doch gewiß! Bei der Planung ist jedoch eine weitere Überlegung nötig, die ein für alle Gruppen akzeptables Programm verhindert. Neben der Zielsetzung muß die jeweilige Gruppensituation berücksichtigt werden. Sonst kommt es zu Überforderungen, weil zuviel vorausgesetzt wird. Auch eine Unterforderung hat negative Auswirkungen, zumindest breitet sich Langeweile aus. Der Mitarbeiterkreis muß die jeweilige Gruppensituation analysieren, um den Ausgangspunkt erkennen zu können. Die folgenden Fragen können dabei helfen:

1. Wie ist die altersmäßige Zusammensetzung der Gruppe? Wie hoch ist das Durchschnittsalter?
2. Sind überwiegend (ausschließlich) Christen in der Gruppe?
3. Sind Nichtchristen in der Gruppe? Wie wollen wir das berücksichtigen?
4. Handelt es sich bei den Christen um solche, die jung im Glauben stehen? Oder kann überwiegend einiges an biblischem Wissen und an geistlicher Erfahrung vorausgesetzt werden?
5. Gibt es auf bestimmten Gebieten einen erkennbaren Nachholbedarf (Sicht für die missionarische oder soziale Verantwortung, Fragen des Lebensstils der Christen u.a.m.)?
6. Treten bestimmte Fragen, Nöte, Anliegen in der Gruppe auf? Gibt es dabei solche, die wiederholt zu erkennen sind? Wie können diese Anliegen berücksichtigt werden?

Nach dieser Analyse sollte geklärt werden, welches Langzeitziel = Jahresziel in Angriff genommen wird. Wer alles, was notwendig erscheint, auf einmal verwirklichen will, erreicht überhaupt nichts. Das Langzeitziel muß dann in Teilziele aufgeteilt werden. Daraus ergeben sich die Vierteljahresprogramme.

Die Bibelarbeit, Schwerpunkt unseres Programms

Läßt sich das wirklich durchhalten, Bibelarbeit als Schwerpunkt des Programms? Noch wichtiger, ist das überhaupt vertretbar? Müssen wir nicht viel stärker die Bedürfnisse der jungen Menschen berücksichtigen, gerade auch bei der Programmgestaltung? Die Sorge mancher Mitarbeiter liegt zudem doch in der Überlegung, daß zu viele Bibelarbeiten die Jugendlichen veranlassen wegzubleiben. Die Erfahrung nicht weniger Gruppen beweist allerdings das Gegenteil.*

Ist Bibelarbeit demnach der Geheimtip, wenn stagnierende Gruppen wieder wachsen sollen? Wer so argumentiert, ist offenbar der Faszination großer Zahlen erlegen. Die Begründung für die Forderung, die Bibelarbeit zum Schwerpunkt des Programms zu machen, liegt in der Zielsetzung unserer Jugendarbeit. Das Evangelium, das uns in der Schrift bezeugt wird, ist das Fundament eines Lebens in der Gemeinschaft mit dem auferstandenen Herrn.

Dazu Aussagen von Dr. Reinhard Deichgräber, Hermannsburg, und von Pfr. Jürgen Blunck, Essen:

»Wir bekennen uns gerade in der heutigen theologischen und kirchlichen Situation bewußt zum biblischen Wort. Eine evangelische Jugendarbeit ohne die Sammlung um die Heilige Schrift würde nicht den Namen evangelisch verdienen. Unser Bekenntnis zur Bibel erschöpft sich nicht in Theorien und Formeln. Es besteht darin, daß wir im persönlichen Leben wie im Leben unserer Gruppen und Kreise der Bibel die zentrale Stellung einräumen. Die Verkündigung der biblischen Botschaft – ganz gleich in welcher Form – soll alle unsere Zusammenkünfte auszeichnen. Wir sind davon überzeugt, daß es in Glaubens- und Lebensfragen keine Wahrheitserkenntnis an der Heiligen Schrift vorbei gibt. Alles was sonst unter uns geschieht, ist auf das biblische Wort von Jesus Christus bezogen und hat nur insoweit Recht und Bedeutung, als uns diese Beziehung einsichtig ist.«**

»Zum Erreichen dieses Zieles gibt es nach dem NT nur eine Me-

* So hat in Bergneustadt die Gruppe mit 5 Jugendlichen begonnen, die sich wöchentlich zum Bibeltraining für junge Leute trafen. Im Verlauf von 4 Jahren ist sie auf mehr als 80 Jugendliche angewachsen, obwohl, oder besser gesagt, *weil* sie an der regelmäßigen wöchentlichen Bibelarbeit festgehalten hat. Zusätzlich zum wöchentlichen Bibeltraining findet am Wochenende ein weiteres Treffen statt, das interessanterweise nicht so stark besucht wird.

** R. Deichgräber, Grundsätze moderner Jugendarbeit, Hermannsburg, 1970, S. 6.

thode: die Verkündigung des Evangeliums. Der Glaube kommt aus der Predigt (wörtlich: aus dem Hören auf das Wort), die Predigt aus dem Wort Christi (Röm. 10,17).

Die Predigt ist im NT nicht nur Startprinzip des Glaubens, sondern auch Lebensprinzip des Glaubens. Darum gehört die Verkündigung durchs Wort nicht nur in die evangelistische Jugendarbeit, sondern muß in aller evangelischen Jugendarbeit die betonte Mitte sein.«*

Warum bereitet die Durchführung von Bibelarbeiten in der Praxis immer wieder Not? Einige Gründe können genannt werden:

1. Die Vorbereitungszeit ist zu knapp bemessen. Eine Bibelarbeit verantwortlich vorzubereiten, erfordert mehrere Stunden konzentrierter Arbeit (Texterarbeitung, Textbesinnung, methodische Vorüberlegung). Wer lediglich einen Text mit Bibelkommentar durchliest und sich dabei einige Notizen macht, handelt verantwortungslos.
2. Die Methodenfrage ist zu wenig bedacht. Gerade bei der Durchführung der Bibelarbeit ist es von größter Wichtigkeit, die dem Text und zugleich der Gruppe gemäße Methode einzusetzen.
3. Mangelnder persönlicher Zugang zum Wort. Die Gruppe hat ein Empfinden dafür, ob der die Bibelarbeit Durchführende selber vom Wort betroffen ist oder nicht. Dieser persönliche Zugang ist für die Durchführung unerläßlich.
4. Mangelnde Harmonie in der Gruppe. Wie bei keinem anderen Programmpunkt macht sich eine nicht intakte Gemeinschaft bei der Durchführung der Bibelarbeit störend bemerkbar. In gleicher Weise wirkt sich Disziplinlosigkeit der Gruppe negativ aus.

Problemorientierte Gruppenstunden

Hier handelt es sich nicht um einen Gegensatz zur Bibelarbeit. Viele Fragen junger Menschen finden beim gemeinsamen Hören auf das Wort Gottes bereits ihre Antwort. Dennoch muß bewußt Raum geschaffen werden, damit anstehende Fragen und Probleme aufgegrif-

* J. Blunck, Was ist »evangelische« Jugendarbeit heute? in: Grundsatztexte zur evangelischen Jugendarbeit. Materialien zur Diskussion in Praxis, Lehre und Forschung. Bearbeitung: Martin Affolderbach. Comenius-Institut, Münster, 1978.

fen und geklärt werden können. »Anstehende Fragen« sind keineswegs nur solche, die ausgesprochen werden. Die unbewußten Probleme gilt es bewußt zu machen, damit sie gemeinsam gelöst werden können. Dazu ist es notwendig, daß die Mitarbeiter im Kontakt zu den einzelnen in der Gruppe stehen, um auch die unterschwelligen Fragen mitzubekommen.

In den problemorientierten Gruppenstunden ist Gelegenheit, die Themen aufzugreifen, die für jede junge Generation neu aktuell sind.

Einige Beispiele dafür:

Wie kann ich meine Bestimmung erkennen und leben? –
Glaube und Denken –
Mit Angst leben? Bewältigung der Zukunft –
Verantwortliche Begegnung der Geschlechter, Partnerwahl –
Überwindung von Zweifeln.

Diese Themen stehen für viele andere, die ebenso ständig wiederkehren. Dazu kommen Fragen, die durch aktuelle Ereignisse hervorgerufen werden, wie etwa die Frage nach der Todesstrafe oder der Ursache des Terrorismus.

Wie sind diese Themen aufzugreifen? Einige Hinweise mögen dabei Hilfestellung geben:

1. Gründliches Erarbeiten ist für die Mitarbeiter zwingend vorgegeben. Unerlaubtes Pauschalisieren und Vereinfachen müssen ausgeschaltet sein. Je weniger jemand von einer Sache versteht, um so schneller und auch absoluter ist zwar sein Urteil darüber; er hilft anderen aber nicht. Bei der Vorbereitung müssen alle möglichen Informationsquellen herangezogen werden.
2. Die Bibel wird befragt, welche Antwort sich aus ihren Aussagen ergibt oder ableiten läßt. Das ist etwas grundsätzlich anderes als bloßes Zitieren von Bibelstellen. Voraussetzung ist eine gute Kenntnis der Schrift, einschließlich ihrer Lehre. Weil Nachfolge die Ausrichtung am Willen Gottes einschließt, geht es gerade bei der Klärung offener Fragen und Probleme um das Erkennen seines Willens. Christen orientieren sich am Willen ihres Herrn und nicht an der Meinung der Umwelt.
3. Für die Durchführung ist der Gesprächsstil zu wählen. Das schließt nicht aus, daß einleitend das Thema referiert wird. Auf jeden Fall muß Gelegenheit geschaffen werden, Fragen, Einwän-

de, Unklarheiten und Widersprüche gesprächsweise einzubringen und gemeinsam zu klären.

Vorbereitung einer Gruppenstunde

Manche Gruppenstunden oder -abende verlaufen unbefriedigend, obwohl das Thema oder die Bibelarbeit gut vorbereitet wurden. Wo liegen die Ursachen? Zu einem Abend gehört mehr als nur ein Thema. Was muß zusätzlich bedacht werden?

Die *Atmosphäre* bestimmt sehr stark den Verlauf des Abends. Wenn die Frohe Botschaft, das Evangelium, die Mitte unserer Arbeit ist, muß das auch spürbar sein. Aber – kann man Freude produzieren, wenn sie echt sein soll? Es ist viel gewonnen, wenn für einen frohen, gelockerten Verlauf gesorgt wird. Weder steif noch undiszipliniert, so muß die Regel heißen. Die Atmosphäre wird ebenfalls vom Raum geprägt. Mit wenigen Mitteln läßt sich, sofern die Phantasie bemüht wird, viel erreichen.

Die *Haltung der Mitarbeiter* ist ebenfalls ausschlaggebend für den Verlauf. Mitarbeiter sind grundsätzlich für die anderen da, kümmern sich besonders um die Leute am Rande, gehen auf diejenigen zu, die sonst kaum beachtet werden. Sie sorgen dafür, daß bei der Gruppe eine *Erwartungshaltung* geweckt wird. Diese Erwartungshaltung entsteht durch sorgfältig und gründlich vorbereitete Zusammenkünfte. Der äußere Ablauf ist dabei eingeschlossen.

Das *Erleben von Gemeinschaft* muß schon in der Vorbereitung bedacht werden. Wie kann Begegnung und gemeinsames Tun ermöglicht werden? In der Zusammensetzung wechselnde Kleingruppen sind eine gute Möglichkeit dafür.

Zur guten Vorbereitung gehört der *Zeitplan* (Stundenbild). Wieviel Zeit steht insgesamt zur Verfügung? Wieviel Raum haben demnach die einzelnen Programmpunkte (Singen, Begrüßung, Mitteilungen, Einführung in das Thema, Gruppenarbeit, Zusammenfassung und Abschluß)? Der Zeitplan ist notwendig, muß aber beweglich gehandhabt werden.

Reflexion einer Gruppenstunde

Fehler sind entschuldbar. Aus ihnen kann man lernen. Fehler, die ständig wiederkehren, sind aber nicht mehr zu entschuldigen. Zur Durchführung von Gruppenstunden gehört deshalb die anschließende Reflexion. Es muß selbstkritisch kontrolliert werden, was gut gelaufen ist, was an Fehlern unterlaufen ist und deshalb der Korrektur bedarf. Hilfreich sind Auswertungsbögen, die am besten von 2 Mitarbeitern, unabhängig voneinander, ausgefüllt werden.

Wie kann ein Auswertungsbogen aussehen?

Auswertung der Gruppenstunde am . . . .

Thema ....
Verantwortl. Mitarbeiter ....
Zahl der Anwesenden ....
Ziel des Zusammenseins ....
wurde das Ziel erreicht ja .... nein .... teilweise ....
welche positiven Reaktionen waren erkennbar ....
....
welche negativen Reaktionen waren erkennbar ....
....
Ursachen der negativen Reaktionen ....
....
wie war die Beteiligung rege .... mittelmäßig .... schwach ....
Ursachen, falls die Beteiligung schwach war ....
....
war der Zeitplan realistisch ja .... nein ....
wurde der Zeitplan eingehalten ja .... nein ....
wie war die Atmosphäre froh .... entspannt ....
humorvoll .... langweilig ....
verkrampft .... unterkühlt ....
wie sonst ....
Konsequenzen aus dem Abend, die für die Arbeit in der Gruppe wichtig sind ....
....
....
....
....
....

5. Sinnvolle Freizeitgestaltung als Aufgabe der Gemeindejugendarbeit

Den Jugendlichen fehlt es oft an Ideen und auch Möglichkeiten, ihre Freizeit sinnvoll zu gestalten. Warum aber überhaupt Freizeitgestaltung? Sollte die zur Verfügung stehende Zeit nicht besser genutzt werden, indem man miteinander missioniert oder sich um die Nöte der Mitmenschen kümmert? Wer so argumentiert, übersieht zweierlei. Erstens sind missionarischer Dienst und sozialer Einsatz ja Dinge, die im Rahmen der freien Zeit geschehen, sind also streng genommen eine bestimmte Art der Freizeitgestaltung. Zweitens entspricht es voll den biblischen Aussagen, daß zum Tun das Ruhen (= Regeneration der Kräfte), zum Geben das Nehmen, zum Arbeiten das Feiern gehört.

Es muß in diesem Rahmen darauf verzichtet werden, eine Einführung in die Freizeitpädagogik zu geben. Folgende Stichworte mögen genügen:

1. Freizeit dient der Erholung. In ihr werden neue Kräfte gewonnen, um die verschiedenartigen Aufgaben in Schule und Studium und in der Arbeitswelt bewältigen zu können.
2. Freizeit dient dem Erkennen und Entfalten der von Gott gegebenen Gaben und Kräfte. Gerade der in unserer Leistungsgesellschaft stark vernachlässigte Bereich der seelischen Kräfte ist hier zu berücksichtigen.
3. Freizeit dient der Besinnung, der Stille. Anleitung ist nötig, damit der junge Mensch über seine Beziehung zu Gott, zu sich selbst und zum anderen Menschen nachzudenken lernt.
4. Freizeit dient der Gemeinschaft. Erst in der Begegnung mit dem Du erkennt der Mensch sich selbst. Gemeinschaft gehört zum Menschsein. Freizeit soll deshalb zur Begegnung mit dem großen Du (Gott) und mit dem kleineren Du (Bruder) führen.
5. Freizeit dient der Weiterbildung. Dies gilt nicht nur für den beruflichen Sektor. Hier liegt die Chance, qualifizierte Mitarbeiter für den ehrenamtlichen Dienst in den verschiedenen Bereichen der Gemeindearbeit heranzubilden.
6. Freizeit dient dem freiwilligen Tun. Sie schafft Möglichkeiten zum Dienst am Mitmenschen (missionarische und soziale Aktionen in allen ihren Schattierungen).

Die genannten Aspekte machen deutlich, welche Möglichkeiten in der richtig genutzten Freizeit liegen. Überlassen wir dagegen dieses Feld anderen, so werden wir eventuell bald feststellen müssen, daß am freien Wochenende zerstört wird, was in der wöchentlichen Gruppenstunde aufzubauen versucht wird. Gewiß wird jede örtliche Jugendarbeit realistisch ihre Möglichkeiten und Grenzen in bezug auf Angebote für die Freizeitgestaltung abwägen müssen. Hinter unseren Möglichkeiten sollten wir jedoch nicht zurückbleiben.

Feste und Feiern junger Christen

Muß hierzu etwas gesagt werden? Zum Feiern bedarf es unter jungen Leuten nicht unbedingt eines besonderen Anlasses; Feste oder Feten, Feiern oder Parties sind »in«. Keine Frage, daß auch die christlichen Jugendgruppen dazu nicht besonders motiviert werden müssen. Für die nötigen Vorbereitungen finden sich viel schneller Freiwillige als zur Erarbeitung eines anstehenden Themas. Zu den Feiern der Gesamtgruppe kommen noch die Anlässe, die zum mehr privaten Zusammensein mit einigen Freunden führen. Es wird also wie eh und je gefeiert.

Feste feiern ist inbesondere eine Sache der Christen! Das muß uns gerade in der Gemeindejugendarbeit bewußt bleiben. Gott selbst hat schon im Alten Bund seinem Volk Feste gegeben. Was ist das Passahfest anders als Ausdruck der Freude, aus der Hand des Feindes errettet zu sein? Wer kann den Jubel nachempfinden, der beim Laubhüttenfest jedes Jahr neu aufbrach? Ist das im Neuen Bund anders? Der verlorene Sohn kehrt zerlumpt und verdreckt nach Hause zurück. Wie reagiert der Vater? Er läßt ein Fest feiern (und was für eins). Was erwartet uns in der Zukunft? Die Hochzeit des Lammes!

Christen sind feiernde Leute, weil sie zur Freude berufen sind.

Warum aber reden wir an dieser Stelle über etwas, was für uns auch von der Schrift her selbstverständlich ist? Nicht *daß* wir feiern ist die Frage, sondern *wie* wir als Christen feiern. Hier liegt die Schwierigkeit in manchen Jugendgruppen. Genügt es wirklich, wenn hinterher festgestellt wird: »Da war schwer was los!«? Und wollen wir uns bereits damit zufrieden geben, wenn Entgleisungen vermieden worden sind? Unterscheiden sich die Feste der jungen Christen von denen anderer lediglich dadurch, daß etwas weniger getrunken, etwas weniger geraucht wurde, die Phonstärke ein wenig niedriger war? Geht es bei den Christen lediglich etwas »anständiger« zu?

Wie wollen wir aber feiern? Bevor ein Festprogramm erstellt wird, gilt es zu prüfen, ob die Voraussetzung zum richtigen Feiern bekannt ist. In einer Sendung der Service-Welle des Evangeliums-Rundfunks wurde es ausgesprochen: »Feste junger Christen! Was sind das für Feste? Es sind Feste, die ein großes Thema haben, durch das sich ein herrlicher Dreiklang zieht: Singen – danken – loben! Er ist Voraussetzung, um Festlichkeit zu erleben. Wir müßten diesen Festton mitbringen. Fragen wir uns zuerst: Wo kommt dieser Ton her?«*

Feste junger Christen sind erkennbar an diesem Dreiklang: Singen – danken – loben. Wo allerdings diese Voraussetzung fehlt, wird es zu den sattsam bekannten Feten kommen. Mit anderen Worten: Gerade die Feiern der Jugendgruppe lassen deutlich erkennen, ob die Beziehung zu dem gemeinsamen Herrn das Leben prägt. Hier haben Mitarbeiter eine wichtige Aufgabe. Sie können davon ausgehen, daß nicht wenige Jugendliche der Gruppe die grundlegende Erneuerung ihres Lebens durch den Sohn Gottes erfahren haben, daß die einzelnen ihren Herrn in den verschiedenen Alltagssituationen erleben. Die Feste junger Christen sind die guten Gelegenheiten, der Freude der Erlösten Ausdruck und Raum zu geben.

Wie sehen solche Feste aus? In der bereits erwähnten Sendung schildert Heidi Krause Feste von jungen Christen.

»Eingeladen wurde zu einer Geburtstagsfeier in der Weihnachtszeit. An die jungen Christen erging eine Einladungskarte mit folgendem Text: ›Wir künden in großer Freude die Geburt des Sohnes an. Sein Name ist Jesus, der Geburtsort Bethlehem. Eingeladen sind alle, die sich mit uns über das frohe Ereignis freuen wollen. Der Sohn freut sich über folgende Gaben, die bitte alle Eingeladenen mitbringen wollen: 1. ein Lied, 2. ein Gebet, 3. Sorgen zum Abgeben, 4. ein kleines Geschenk zum Weiterreichen an andere Gäste!‹

Der Jugendraum war mit frischem Tannengrün, Blüten und Kerzen festlich geschmückt. In der Mitte des Raumes stand ein Tisch, der als Gabentisch gedeckt war. Die Geburtstagsgesellschaft zog mit einer Polonaise in den Raum ein, begleitet durch eine weihnachtliche Festmusik. Dabei legten alle ihre kleinen Päckchen auf den Tisch

* Heidi Krause, Feste junger Christen, Service-Welle 20.11.76. Evangeliums-Rundfunk Wetzlar.

und nahmen im großen Kreis Platz. Die Eröffnung des Geburtstagsfestes fand durch die Verlesung der Ankündigung der Geburt Jesu und seiner Geburtstagsgeschichte statt. Dazu wurden selbstgemalte Bilder zu einzelnen Szenen gezeigt. Im frohen Wechsel schloß sich dann die erste Bescherung des Geburtstagskindes an. Mal schlug einer ein Lied vor, das alle miteinander sangen, mal sagte einer: ›Ich möchte gerne ein Gebet sprechen!‹ Im zweiten Teil der Feier wurde ein Dia gezeigt, das eine einfache Krippenszene sichtbar machte. Alle Geburtstagsgäste erhielten einen Zettel, um darauf zu notieren, welche Gedanken und Sorgen einen jeden evtl. belasten. Die Zettel wurden alle in einem kleinen Körbchen eingesammelt und unter das Bild gestellt. Wir sangen dabei den Liedvers aus dem Lied von Jochen Klepper: ›Bringt dem Sohn die Gaben dar; Seufzer, Drangsal, Angst und Plagen werft auf ihn, er will sie tragen, er heißt Wunderbar!‹ Danach verlasen einige junge Leute im Wechsel Verheißungen aus dem AT und Erfüllungen aus dem NT. Der dritte Festteil wurde mit einer Einladung zur Geburtstagstafel eröffnet. Es gab selbstgebackene Waffeln und Tee. Dies Essen wurde durch das gegenseitige Beschenken belebt. Der Gabentisch wurde nähergerückt. Jeder holte sich ein Päckchen und schenkte es seinem rechten Tischnachbarn weiter. Alle schauten zu, wenn einer sein Päckchen öffnete. Dabei gab es viel Heiterkeit über recht originelle Geschenke. Die Geburtstagsfeier endete, indem einer – im Stil eines Lebenslaufes – aus dem weiteren Leben des Kindes berichtete. In einer Gebetsgemeinschaft wurden alle die Stationen und Ereignisse erneut aufgegriffen in Lob und Dank!«

Freizeiten mit der Gruppe

Freizeiten sind mehr als Füllung von freier Zeit. Sie sind eine der großen Möglichkeiten, die uns zur Verwirklichung der Zielsetzung unserer Arbeit zur Verfügung stehen. Welche Chancen liegen in den Freizeiten?

Junge Leute sind für ein Wochenende oder gar für ein bis zwei Wochen aus ihrer normalen Umwelt herausgelöst und in eine christliche Lebensgemeinschaft hineingenommen. Die Offenheit für das Wort Gottes ist ungleich größer als in der normalen Alltagssituation. Die gelöste Atmosphäre ermöglicht manches seelsorgerliche Gespräch, das sonst schwerer erreichbar ist. Innerhalb des Zeitraumes, der zur Verfügung steht, werden intensive Gespräche über grundlegende Fragen fast von selbst in Gang gesetzt. Das ergibt ein Überdenken des eigenen Standortes und vielfach eine Neuorientierung des Lebens. Die Gemeinschaft untereinander wird vertieft und erweist sich im Gruppenleben als tragfähiger. Keine Jugendgruppe sollte diese Möglichkeit ungenutzt lassen.

Welche Hauptarten von Freizeiten sind üblich?

1. *Erholungsfreizeiten*

Damit umschreiben wir, was landläufig einfach unter dem Begriff »Freizeit« verstanden wird. Das grobe Programmraster umfaßt im Normalfall: vormittags Raum für die Bibelarbeit, nachmittags unterschiedliche Unternehmungen (Wandern, Sport und Spiel, Werken und Basteln, Baden oder auch schlicht Ausruhen), abends Raum für Gespräch, meist themenorientiert.

2. *Missionsfreizeiten*

Das Ziel der Freizeit besteht in der gemeinsamen Durchführung eines missionarischen (evangelistischen) Einsatzes am Freizeitort. Programmraster: vormittags Zurüstung der Gruppe (Bibelarbeit), nachmittags Aktionen von Haus zu Haus, religiöse Meinungsumfrage, Straßenaktionen, Werbemaßnahmen, im Wechsel mit Erholungszeiten (Schwimmen, kleine Ausflüge), abends evangelistische Veranstaltungen, die als Mannschaftseinsatz durchgeführt werden.

Gerade von den Missionsfreizeiten gehen starke geistliche Impulse aus, die für die Gruppe und für die einzelnen Auswirkungen haben. Junge Menschen lernen, Glaubensgespräche zu führen. In der »Frontsituation« wird sehr schnell die Notwendigkeit dessen erkannt, was Jesus seinen Jüngern sagt: in ihm zu bleiben, weil sie ohne ihn nichts tun können. Zusätzlich werden Gaben erkannt und im Dienst entfaltet.

3. *Diakonische Freizeiten*

Zielsetzung ist die gemeinsame Durchführung einer diakonischen Aufgabe. Am bekanntesten sind wohl die Aufbaulager. Hier wird gemeinsam beim Aufbau eines bestimmten Projektes mit Hand angelegt. Andere Aufgabenstellungen sind dagegen bei Freizeiten mit Behinderten gegeben. Der Programmablauf kann bei den diakonischen Freizeiten nicht pauschal festgelegt werden, er ist an den Aufgaben auszurichten. Wichtig ist eine gründliche vorherige Vorbereitung der Teilnehmer in bezug auf die zu erwartende Situation. Auch von diesen Freizeiten gehen starke Impulse aus. Die Jugendlichen lernen, nicht nur die eigenen Bedürfnisse zu sehen. Sie merken, daß der Dienst am Nächsten das eigene Leben bereichert, und erleben zugleich den Wert gemeinsamen Tuns.

4. *Hobbyfreizeiten*
Hobbyfreizeiten sind im Grunde Erholungsfreizeiten, in denen die Teilnehmer nicht verschiedenartige Unternehmungen, sondern eine spezielle (das Hobby) eingeplant haben. Dieses Hobby bestimmt nicht ausschließlich das Programm, bildet aber eindeutig den Schwerpunkt. Als Beispiele seien genannt: Wanderfreizeiten, Singefreizeiten, Segelfreizeiten, Bergfreizeiten, Skifreizeiten.

Auch hier sollte wie in *jeder* Freizeit die tägliche Bibelarbeit eingeplant sein. Sie wird nicht in jedem Fall am Vormittag durchgeführt werden, darf aber noch weniger dem Zufall überlassen sein. Gerade Hobbyfreizeiten sind in besonderer Weise geeignet, Nichtchristen einzuladen und mitzunehmen. Sie lernen die Gemeinschaft junger Christen kennen und werden in einer offenen, entspannten Atmosphäre mit dem Evangelium konfrontiert.

Was muß bei der *Vorbereitung einer Freizeit* bedacht werden?
Es empfiehlt sich, folgende Checkliste durchzugehen:

1. *Zielsetzung der Freizeit*
Was wird vor allem angestrebt?
Geistliche Weiterführung ...., Gemeinschaftserlebnis ...., Gesprächsmöglichkeiten ...., Ruhe, Erholung ...., gemeinsamer Einsatz ...., oder ....

2. *Freizeitort*
Wo soll die Freizeit stattfinden?
Ist das Heim geeignet: Anzahl der Betten? Für gemischte Gruppen geeignet (Waschgelegenheiten, Schlafräume, Toiletten)? Tagesraum vorhanden? Art der Verpflegung (Vollpension, Übernachtung und Frühstück, Selbstverpflegung)? Spiel- und Sportmöglichkeiten? Wie hoch ist der Tagessatz? Zusätzliche Nebenkosten? Mindestbelegung vorgeschrieben? Rücktrittsmöglichkeit?

3. *Finanzielle Planung*
Fahrtkosten ....
Tagessatz und Anzahl der Tage ....
evtl. zusätzliche Kosten ....
evtl. Besichtigungen und Ausflug ....
Gesamtpreis ....
Prüfen, ob Zuschüsse vom Kreis- oder Stadtjugendamt möglich sind.

4. *Gemeinsame Programmplanung*
Wünsche und Vorschläge der Gruppe ....
Einheitliche Vorstellung der Mitarbeiter?
Programm detailliert entworfen?
Vorbereitung der einzelnen Programmpunkte delegiert?

5. *Weitere Vorbereitungen*
Unfall- und Haftpflichtversicherung abgeschlossen?
Anmeldemodus bekanntgegeben?
Material besorgt? (Spiele, Diaprojektor, Diaserie, Material für Werken und Malen etc.)
Freizeitapotheke?
Teilnehmerliste?
Programm vervielfältigt?

Die sorgfältige Vorbereitung einer Freizeit entscheidet maßgeblich über ihren Verlauf. Improvisationskünstler sollten diese Tatsache besonders bedenken. Nach der Durchführung ist eine gründliche Auswertung durch die Mitarbeiter zu empfehlen.

Spielen, Werken, Basteln

Uns beschäftigt immer noch die Frage einer sinnvollen Freizeitgestaltung. Gehören Spielen, Werken, Basteln dazu? Ihr Wert ist heute ausnahmslos anerkannt. Die Heilpädagogik bedient sich ihrer zur Therapie. Warum nehmen wir die genannten Dinge in unsere Jugendarbeit? Die »spielerische« Begegnung hilft auch denen zum Erleben von Gemeinschaft, die sonst durch Hemmungen blockiert sind. Spielen ist gemeinschaftsfördernd, leitet zur Fairneß an, verstärkt den Zusammenhalt unter den Jugendlichen. Werken und Basteln ist mehr als ein Fertigen von Gegenständen für den nächsten Basar. Im gemeinsamen Tun werden Begabungen entdeckt, entfaltet, gefördert. Mit anderen Worten, Kreativität wird geweckt und trainiert.

Nun einige Tips für die Durchführung:

1. *Spiele*

   Gerade auch der Spielnachmittag erfordert eine gründliche Vorbereitung!

   a) Klärung des Raumes (wo wird gespielt?);
   b) Welche Spiele entsprechen der Gruppe und dem Raum?
   c) Welches Material ist erforderlich?
   d) Programm bereit haben, Pausen lassen Begeisterung und Spannung auf den Nullpunkt absinken;
   e) Möglichst alle beteiligen, Gruppenspiele rangieren vor Einzelwettbewerben.

2. *Werken, Basteln*

   a) Sachkundige Leute als Leiter heranziehen, die in die jeweilige Technik einführen;
   b) Material und Werkzeug beschaffen;
   c) Mit leichten Aufgaben beginnen;
   d) Wenn möglich, mit einem Anliegen verknüpfen (basteln und werken für einen Basar, für einen Besuch im Altenheim oder bei Kranken). Die richtige Motivation ist nötig, um kein Gefühl des sinnlosen Tuns aufkommen zu lassen.

Weitere Tips sind der Literatur zu entnehmen, die unter »Hilfsmittel für die Gemeindejugendarbeit« aufgeführt ist.

6. Der Missionsauftrag in der Gemeindejugendarbeit

Von manchen kaum bemerkt, hat sich in den vergangenen Jahren eine sehr erfreuliche Entwicklung vollzogen: Die Jugendgruppen sind missionarischer geworden. Es ist müßig, über die Ursachen zu streiten, die Tatsache selbst ist Grund zur Freude. Diese Entwicklung ist nicht auf die Jugendarbeit beschränkt; Evangelisation wird mehr und mehr zu einem beherrschenden Thema der Gemeinde Jesu Christi, und zwar weltweit. Internationale Konferenzen, vor allem der Lausanner Kongreß 1974, haben dazu entscheidende Anstöße gegeben. Wir können dafür von Herzen dankbar sein.

Was bedeutet das für die Gemeindejugendarbeit? Schwimmen wir auf dieser Welle mit, weil Evangelisation oder Mission zur Zeit »in« sind? Oder versuchen wir uns in missionarischen Aktionen, weil die Angst um die Existenz unserer Gruppe uns befallen hat? Warum sagen wir ja zur Mission? Wenn Mitarbeiter auf diese Frage keine überzeugende Antwort haben, sind die Folgen vorhersehbar. Missionarische Bemühungen werden aufgegeben, sobald Schwierigkeiten auftreten oder Mühe und Verzicht geleistet werden müssen. Deshalb sind wohl manche Teestuben wie Eintagsfliegen wieder gestorben.

Wo liegt die Begründung unseres missionarischen Auftrages? Einzig und allein im Befehl unseres erhöhten Herrn! Das »Gehet hin und machet zu Jüngern!« behält seine Gültigkeit bis zu seiner Wiederkunft. Mission ist keine Frage des persönlichen Interessiertseins oder eines eventuell vorhandenen Mitleides. Sie ist uns aufgetragen. Damit ist die Durchführung eine Frage des Gehorsams und nicht der individuellen Entscheidung überlassen. Wir sagen in der Gemeindejugendarbeit bewußt ja zum Missionsauftrag, weil er uns von unserem Herrn befohlen ist.

Uns bewegt deshalb die Frage nach dem *Wie*, nicht nach dem *Ob*.

Das Heil Gottes für den ganzen Menschen

»Wir tun Buße für dieses unser Versäumnis und dafür, daß wir manchmal Evangelisation und soziale Verantwortung als sich gegenseitig ausschließend angesehen haben« (Lausanner Verpflichtung, Absatz 5). Das Umdenken, das in diesem Bekenntnis zum Ausdruck kommt, findet inzwischen in fast allen christlichen Kreisen statt. Die Trennung von Evangelisation und sozialer Verantwortung hatte gerade in der Jugendarbeit zu scharfen Polarisierungen geführt. Die sozial engagierten Gruppen verdächtigten die evangelistisch tätigen, an der eigentlichen Not der Welt vorüberzugehen. Umgekehrt war der Vorwurf zu hören, daß man lediglich Symptome kuriere und die Wurzel aller Not, die Verlorenheit des Menschen, außer acht lasse. Inzwischen wird mehr und mehr gesehen, daß vom biblischen Befund her beides untrennbar zusammengehört. Die Mission Gottes beinhaltet das Heil Gottes in Jesus Christus für den ganzen Menschen. Es geht um Vergebung der Sünde, um die persönliche Umkehr durch Buße und Glaube, um die Erneuerung des Lebens durch den Heiligen Geist. Es geht aber auch um die Tat der Liebe, um die Verantwortung für die Gesellschaft und nicht nur für den einzelnen. Jünger Jesu sind das Salz der Erde und das Licht der Welt. Erliegen wir damit der Utopie, das Reich Gottes in dieser Welt herbeiführen zu können? Keineswegs. Jesus selbst wird durch seine Wiederkunft das Friedensreich errichten, in dem Gerechtigkeit herrschen wird. Weil Christen in der Gewißheit dieser Hoffnung leben, überlassen sie die Welt nicht ihrem Schicksal. Ihr Leben wird zum Zeichen dieser ihrer Hoffnung.

So erweisen sich Evangelisation und soziale Verantwortung als die beiden Seiten der einen Münze, die zusammen erst das Ganze ergeben. Wichtig für die Jugendarbeit ist dabei folgendes: Beide Dienste können nicht richtig getan werden ohne die lebendige Beziehung zu dem Herrn Jesus Christus. Zu beidem gehört das persönliche und gemeinsame Gebet. Das ist besonders für den Dienst im sozialen Bereich zu bedenken, weil hier die Gefährdung stärker ist, es in eigener Kraft ausführen zu wollen. Laßt uns in der Jugendarbeit zum Missionsauftrag bewußt ja sagen, und zwar zum Missionsauftrag in seinem umfassenden Sinn!

Permanente Evangelisation

Nicht wenige Gruppen führen genügsam ihr Eigenleben, bis sie ihr Gewissen treibt, wieder einmal zu evangelisieren. Mit viel Aufwand wird eine evangelistische Jugendwoche vorbereitet und durchgeführt. Am Ende der Woche hängen die Mitarbeiter erschöpft in den

Seilen. Das normale Gruppenleben kann wieder beginnen. Jugendevangelisationen, die wie ein Fremdkörper im übrigen Gruppenleben angesiedelt werden, führen selten zu einem bleibenden Ergebnis. Zudem hat Jesus seinen Jüngern wohl kaum einen Missionsbefehl gegeben, der lediglich eine Woche pro Jahr Geltung hat. Es geht um die *permanente Evangelisation* in unseren Gruppen (permanent kommt aus dem Lateinischen und heißt dauernd, anhaltend, ununterbrochen, ständig)!

Wie sieht das in der Praxis aus? Es kann doch keine Gruppe eine ununterbrochene Dauerevangelisation durchführen. Die Antwort ist in einer anderen Richtung zu suchen. Die Praxis der ersten Christen zeigt uns den Weg. Sie haben eben nicht in ihren (nicht vorhandenen) Gemeinderäumen gesessen und auf die Heiden gewartet. »Gehet hin« war ihnen gesagt worden, und sie gingen hin. »Die nun zerstreut waren, zogen umher und predigten das Wort«, Apg. 8,4; ». . . die kamen nach Antiochien und redeten auch zu den Griechen und predigten ihnen das Evangelium vom Herrn Jesus«, Apg. 11,20. Wir müssen wieder lernen und unsere jungen Leute anleiten, die normalen Kontakte im Alltag missionarisch zu nutzen. Schule, Arbeitsplatz und Nachbarschaft bieten mehr Gelegenheiten, als wir nutzen können.

Wie kann permanente Evangelisation in der Praxis aussehen?

1. *Geistlich motivieren und miteinander beten*
Das ist das Fundament, auf das wir nicht verzichten können. Der Auftrag muß von der Bibel her klar sein, damit seine Ausführung nicht von einer flüchtigen Begeisterung abhängt. Gebet ist nötig, weil wir gerade in der evangelistischen Arbeit an der geistlichen Front stehen. Die Mächte der Finsternis werden zu verhindern suchen, daß Menschen zu Jesus finden. Evangelistischer Dienst der Gruppe, der nicht vom Gebet getragen wird, entartet schnell zu kraftloser Betriebsamkeit.

2. *Anfangen mit denen, die dazu bereit sind*
In manchen Gruppen wartet man darauf, daß auch der Letzte bereit ist mitzumachen, ehe man anfängt. Wahrscheinlich wird gewartet werden bis zur Wiederkunft Jesu. Es ist sinnlos und unnötig, das Mittun des Allerletzten als Voraussetzung für den Beginn der evangelistischen Arbeit anzusehen. Wenn Zweien es klar ist, daß sie als Zeugen Jesu das Evangelium weiterzugeben haben,

sollten sie anfangen. Die Erfahrung lehrt, daß nach und nach die anderen Mut gewinnen und mitmachen.

3. *Persönliche Kontakte aufbauen und nutzen*
Manche junge Christen beschränken ihre Kontakte ausschließlich auf ihre Mitchristen. Lediglich bei Jugendevangelisationen wird der (oft vergebliche) Versuch unternommen, Klassenkameraden oder Arbeitskollegen einzuladen und mitzubringen. Es gilt zu lernen, Freunde zu sich einzuladen, das Gespräch zu suchen, Vertrauen aufzubauen. So gewinnen wir Menschen. Aber: ist die Gefahr der entgegengesetzten Beeinflussung nicht auch zu sehen? Sofern die jungen Christen zugleich verbindlich in der Gemeinschaft stehen (Mitarbeiterkreis oder Gebetszelle), ist diese Angst unbegründet. Eine gute Regel lautet: Fremde werden zu Freunden, Freunde werden zu Brüdern.

4. *Die regelmäßigen Gruppenzusammenkünfte missionarisch nutzen*
Wie kann das aussehen? Es geht dabei nicht um eine Änderung des Programms. Vielmehr muß es zur guten Gewohnheit werden, die Freunde nicht nur zu Sonderveranstaltungen einzuladen, sondern auch zu den normalen Gruppenabenden. Die Atmosphäre in der Gruppe, die Offenheit füreinander, die Möglichkeit des Gesprächs, die ungezwungene Gemeinschaft, vor allem auch der lebendige Austausch über der Bibel, das alles sind missionarische Momente, die es bewußt einzusetzen gilt! Es muß zu einer guten Gewohnheit werden, ständig Freunde einzuladen und mitzubringen.

5. *Die Weiterführung der jungen Christen nicht übersehen*
Das Programm muß auch in dieser Richtung ausgewogen sein. Das Ziel der Jugendarbeit ist nicht bereits erreicht, wenn junge Menschen eine bewußte Entscheidung treffen, ihr Leben der Herrschaft Jesu Christi zu unterstellen. Es geht um Wachstum im Glaubensleben, vor allem durch intensives Bibelstudium. Es genügt nicht, wenn ständig das kleine 1 x 1 durchgepaukt wird (»wer ist ein Christ«, »wie wird man Christ«), die Weiterführung einschließlich der notwendigen geistigen Auseinandersetzung (neue Jugendreligionen, Ideologien usw.) darf nicht außer acht gelassen werden. Hausbibelkreise sind hier eine gute Ergänzung zum sonst mehr evangelistisch ausgerichteten Programm.

Evangelistische Sonderaktionen

Bei diesem Stichwort geht das Denken vieler Gruppen sofort einseitig in eine Richtung: Offener Abend oder Jugendevangelisation mit einem Starevangelisten, unterstützt durch eine Band mit bekanntem Namen. Die Durchführung scheitert dann häufig daran, daß die begehrten Leute für absehbare Zeit ausgebucht sind. Unter welchen Voraussetzungen diese Aktionen richtig sind, wird uns noch beschäftigen. Wir fragen zunächst nach den Möglichkeiten, die für jede Gruppe durchführbar sind und weniger Aufwand erfordern.

1. Missionarische Hausbesuche

Es ist erstaunlich, daß diese so wirkungsvolle Methode sehr selten angewandt wird. Liegt es daran, daß sie weniger auffällig ist, andererseits aber Durchhaltevermögen erfordert?

Wie bereitet man Hausbesuche vor? Als erstes muß eine Liste der zu Besuchenden erstellt werden. Um wen geht es dabei?

a) Wir stellen fest, wer seit einiger Zeit nicht mehr zu den Gruppenzusammenkünften kommt. Wir verstehen unsere Jugendgruppe nicht als »Durchgangslager«, durch das möglichst viele hindurchgeschleust werden, in dem man aber nicht bleibt. Ein oder zwei Besuche helfen vielfach schon, die Ursache des Fernbleibens zu erfahren und den Betreffenden wieder für die Gruppe zu gewinnen.

b) Wir erfassen den »Nachwuchs«. Im landeskirchlichen Bereich wird man sich die Namen der Konfirmanden geben lassen, um die Betreffenden persönlich zu besuchen und zum Jugendkreis einzuladen. In den freikirchlichen Gruppen geht es um die jungen Leute, die den Glaubenslehrunterricht besucht haben oder die den Arbeitsgruppen entwachsen, die dieser Altersgruppe entsprechen (Sonntagsschule, Jungscharen). Uns gehen an vielen Orten erschreckend viele Jugendliche verloren, weil sie den Übergang von der einen in die andere Gruppe nicht schaffen. Was könnte hier hilfreicher sein als ein Hausbesuch! Hier entsteht der erste Kontakt, der das Hineinfinden in die zunächst fremde Gruppe erleichtert. Wichtig: beim Besuch verabreden, daß man den Jugendlichen zum Gruppenabend abholen wird.

c) Wir erkundigen uns nach jungen Leuten in den Familien der Gemeindeglieder. Immer wieder geschieht es, daß zwar die Eltern Kontakt zur Gemeinde haben, heranwachsende Jugendliche aus diesen Familien aber keine Verbindung besitzen. Hier ist der Hausbesuch zwar kein Patentrezept, aber doch ein bewährtes Mittel, Kontakte zu knüpfen.

d) Wir stellen fest, welche Jugendlichen unsere Sonderveranstaltungen (Offener Abend, Filmabend u.a.m.) besucht haben. Der Besuch der Sonderveranstaltung mag noch nicht Anlaß geworden sein, die normalen Gruppenstunden zu besuchen, er ist jedenfalls eine gute Anknüpfungsmöglichkeit für einen Hausbesuch.

Was muß bei Hausbesuchen weiter berücksichtigt werden? Hausbesuche im Gebet vorbereiten – möglichst zu zweit gehen – dem anderen weder überheblich noch ängstlich begegnen – freundlich bleiben, sich nicht provozieren lassen – zuhören können, nicht nur selber reden – die Fragen, Probleme, Einwände des anderen ernst nehmen, sich aber auch für seine Hobbys interessieren – gute evangelistische Literatur dalassen.

Wir wollen in unseren Gruppen die Hausbesuche neu entdecken und sie dann regelmäßig praktizieren!

2. *Straßenaktionen*

Erfreulicherweise ist diese Möglichkeit des evangelistischen Dienstes von manchen Gruppen entdeckt worden. Es wäre unverzeihlich, wenn diese Chance, an viele Menschen heranzukommen, den Bürgerinitiativen, den Vertretern der neuen Jugendreligionen und politischen Gruppen überlassen würde (wobei die Genannten beileibe nicht in einen Topf gehören!). Das »gehet an die Hecken und Zäune« bedeutet in unseren Tagen doch wohl: Gehet in die Fußgängerzonen, auf die Marktplätze, in die Parkanlagen.

Straßenaktionen können verschiedenartig durchgeführt werden.

a) Freiversammlungen
Die Gruppe stellt sich an einem geeigneten Platz auf, ohne jedoch den Verkehr zu behindern. Begonnen wird mit einigen frisch gesungenen zeugnishaften Liedern. Einer stellt die Gruppe kurz vor und lädt zum Zuhören ein. Weitere Lieder, persönliche Zeugnisse und evangelistische Kurzbotschaften wechseln miteinander ab. Zum Schluß wird zu persönlichen Gesprächen und, wenn möglich, zu bestimmten Veranstaltun-

gen eingeladen. Geeignete Verteilschriften werden zugleich weitergegeben. Bei den Zeugnissen und kurzen Ansprachen gilt es, klar und allgemeinverständlich zu sprechen (keine Sprache Kanaans), dabei aber nicht plumpvertraulich zu werden. Zu beachten: die Freiversammlungen vorher beim Ordnungsamt der Stadt oder des Kreises anmelden!

b) Informationsstände, Büchertische
Die Gruppe baut selbst einen (möglichst wetterfesten) Stand. Gute Poster in Großformat und große Schilder (Schautafeln) sorgen dafür, daß der Stand Aufmerksamkeit erregt. Ausgelegt werden Informationsschriften, evangelistische Verteilschriften und Zeitungen (Literaturvorschläge siehe Seite 72–75). Auf jeden Fall ist an die ausländischen Mitbürger, besser als Gastarbeiter bekannt, zu denken; Schriften in den jeweiligen Sprachen sind von der Südosteuropa-Mission oder vom Evangelischen Ausländer-Dienst zu beziehen (Adressen siehe Seite 75). Wenn irgend möglich, sollte der Informationsstand mit einem Büchertisch kombiniert werden. Am besten setzt man sich mit einer evangelischen Buchhandlung in Verbindung (beim Verkauf sind Gewerbeschein und Umsatzsteuerpflicht zu berücksichtigen). Bevorzugt werden preiswerte evangelistische Bücher zum Verkauf angeboten, zugleich auch Bibeln und Neue Testamente in verschiedenen Übersetzungen und modernen Übertragungen. Bücher sind Zeitbomben. Für viele ist ein Buch zum Anstoß geworden, die Frage nach Gott neu aufzugreifen. Sie sind auf diesem Wege schließlich zur persönlichen Begegnung mit Gott gekommen.

Der Informationsstand ist möglichst mit nicht weniger als 3 Mitarbeitern zu besetzen (Marke »Höflichkeit und Freundlichkeit in Person«). Sie geben nicht nur Auskunft, sondern sprechen ihrerseits taktvoll Menschen an und geben Schriften weiter. Als Standorte sind Fußgängerzonen und Marktplätze, überhaupt alle Plätze mit starkem Publikumsverkehr, geeignet. Erlaubnis ist wiederum beim Ordnungsamt einzuholen.

3. *Sonderveranstaltungen*

Hierzu zählen vor allem die Offenen Abende. Diese evangelistisch ausgerichteten Abende erweisen sich als ausgezeichnete Möglichkeit, an Außenstehende heranzukommen. Zu Fehlschlägen werden sie allerdings, wenn das übrige Leben der Gruppe absolut unmissionarisch ist und die während des Offenen Abends gewonnenen Kontakte nicht aufgefangen und weitergeführt werden.

Für die Gestaltung gibt es unterschiedliche Möglichkeiten. Vielfach werden evangelistische Filme eingesetzt. Diese Filme erweisen sich als gutes Medium zur Weitergabe der Frohen Botschaft. Zu beachten ist, daß man die Besucher des Abends nach dem Ende des Films nicht sofort entläßt. Zumindest muß mit wenigen Sätzen die durch den Film vermittelte Botschaft zusammengefaßt und zugespitzt mitgegeben werden. Besser ist es, wenn zu Gesprächen in kleinen Gruppen im Anschluß an den Film eingeladen wird. Anstelle des Films kann auch zu einem Thema eingeladen werden. Dazu wird ein guter Referent eingeladen. Im Anschluß wiederum Gesprächsmöglichkeiten schaffen, eventuell durch Rückfragen an den Referenten einleiten.

Eine weitere, sehr beliebte Gestaltungsmöglichkeit liegt im Einsatz von Musikgruppen, Jugendchören und Solisten. Gerade junge Leute, die sonst kein Interesse für das Evangelium bekunden, können häufig doch zum Besuch von musikalisch ausgerichteten Offenen Abenden bewegt werden. Hier ist nicht der Platz, über die musikalischen Stilrichtungen zu streiten. Dennoch gilt einiges grundsätzlich für alle. Die Musik darf nie zum Selbstzweck werden, sie ist Mittel zur Weitergabe des Evangeliums. Die gesungenen Texte müssen deutlich verstehbar sein. Deutsche Texte sollten bevorzugt werden, nichtdeutsche sind zu übersetzen. Die Texte sind ausnahmslos auf ihre inhaltliche Aussage zu überprüfen (manche der so gern gesungenen Lieder sind biblisch nicht haltbar). In bezug auf die Qualität wollen wir keine zu strengen Maßstäbe anlegen, andererseits zu Mittelmäßiges nicht deshalb akzeptieren, weil die Beteiligten mit Eifer bei der Sache sind. Mittelmaß kann auch durch eine teure Verstärkeranlage nicht überwunden werden. Der entscheidende Punkt liegt aber noch an einer anderen Stelle. Die Musik einschließlich des Gesanges mag noch so gut sein, entscheidender ist, ob die Gruppe eine geistliche Ausstrahlungskraft besitzt. Dann mag eventuell ein Ton nicht gestimmt haben, der Grundton war richtig! Die persönliche Beziehung zu Jesus ist für jeden in der Musikgruppe das Entscheidende; die musikalische Seite ist auch wichtig, kommt aber erst an zweiter Stelle.

Jugendwochen

Damit sind Jugendevangelisationen gemeint. Sie sind gewissermaßen Höhepunkte in dem evangelistischen Bemühen der Gruppe. Diese Wochen bedürfen zugleich einer intensiven Vorbereitung und Nacharbeit. Sie bieten sich an, wenn es darum geht, nicht nur einzelne zu erreichen, sondern auf breiter Front die Jugendlichen eines Ortes oder Gebietes anzusprechen. Für die Jugendwochen gilt, was Jesus in einem anderen Zusammenhang empfahl: die Kosten zu überschlagen, ehe man einen Turm baut. Welche »Kosten« müssen für die Durchführung einer Jugendwoche eingeplant werden?

1. *Eine tragfähige Mannschaft*
   Wer eine Jugendwoche zur Belebung einer müden, selbstzufriedenen Gruppe einsetzen will, wird vor bitteren Enttäuschungen nicht bewahrt bleiben. Einer allgemeinen Erfahrung entsprechend sind 10–12 Mitarbeiter die Mindestzahl für die Mannschaft. Erst wenn diese Mitarbeiter zur Verfügung stehen, sollte die konkrete Planung in Angriff genommen werden.

2. *Intensive Schulung*
   Zur Schulung werden alle jungen Christen am Ort eingeladen. Schulungsinhalte sind vor allem:
   a) Der Inhalt des Evangeliums: die Botschaft von Jesus, dem Gekreuzigten; Bedeutung von Sünde, Gnade, Rechtfertigung, Versöhnung;
   b) Bekehrung in biblischer Sicht: Buße, Bekehrung, Heilsgewißheit, Nachfolge;
   c) Missionarische Gesprächsführung: Grundhaltung, Anknüpfung, Information, Zeugnis;
   d) Wie führe ich einen Menschen zu Jesus?
   e) Fragen der Nacharbeit: Einübung in die Nachfolge (Bibel, Gebet, Zeugnis, Gemeinschaft).

3. *Volle Übereinstimmung der Mannschaft*
   Dies betrifft vor allem die Zielsetzung der Woche. Bejaht jeder ausnahmslos, daß es darum geht, junge Menschen zu einem Leben unter der Herrschaft Jesu Christi zu rufen? Besteht volle Einigkeit über den Stil der Woche, über den Referenten, die Musikgruppe, über das Material für die Werbung? Fragen, die während

der Vorbereitung offen geblieben sind, können sich während der Woche selbst als Quelle der Uneinigkeit erweisen.

4. *Einige Tips für die Durchführung der Woche:*

- Die Abende möglichst mit Schuleinsätzen kombinieren. Bei frühzeitiger Anfrage werden meist Schulgottesdienste oder Religionsstunden angeboten. Hier kann neben Zeugnis und Gespräch zugleich auch für die Abende eingeladen werden.
- Die Mannschaft muß täglich eine festgelegte Zeitspanne zum Austausch und Gebet haben. Der Referent ist unbedingt mit einzubeziehen.
- Die Herrichtung des Raumes muß mit viel Liebe geschehen. Dekoration mit Spruchband (Motto der Woche), guten Postern, Blumenschmuck. Sitzordnung geschieht unter dem Gesichtspunkt der bestmöglichen Kontaktaufnahme (kleine Sitzgruppen um Tische?).
- Programmablauf möglichst in der Folge von Kontaktaufnahme und Zeugnis (Lieder, Zeugnisse von einzelnen) – Verkündigung (Anspiel, Sprechmotette, Botschaft) – Gesprächsmöglichkeit (Einzelgespräch, Gruppengespräch).
- Während der Woche bereits die Nacharbeit einleiten (Aufnahme des persönlichen Kontaktes, Einladung zu weiterführenden Zusammenkünften).

Ein Hinweis ist in bezug auf Jugendwochen noch erforderlich. In der Praxis werden die Wochen häufig zumindest eine Nummer zu groß angesetzt. Natürlich liegt eine gewisse Faszination darin, den größten Saal und den bekanntesten Redner zu haben. Die Größenordnung wird aber durch die Anzahl und Kräfte der örtlichen Mitarbeiter bestimmt. Lieber eine Nummer kleiner, damit die Nacharbeit intensiv geschehen kann!

Teestubenarbeit

Die Teestubenarbeit ist ebenfalls zu den evangelistischen Sonderaktionen zu zählen. Sie wird zwar kontinuierlich durchgeführt, geschieht aber zusätzlich zu den normalen Gruppenzusammenkünften. Der Schwerpunkt dieser Arbeit liegt mehr auf dem Angebot der zwanglosen Gemeinschaft und der Möglichkeit des persönlichen Gesprächs. Teestuben haben sich an vielen Orten als gute Missionsmöglichkeit erwiesen. Andererseits sind nicht wenige aber auch längst wieder eingeschlafen.

Was muß für die Teestubenarbeit bedacht werden?

- Gewißheit des Auftrages. Es muß für die Beteiligten feststehen, daß sie unter einer klaren Weisung ihres Herrn stehen. Begeisterung genügt nicht.
- Es müssen für einen längeren Zeitraum genügend Mitarbeiter zur Verfügung stehen, die sich intensiv einsetzen können (verbindlich!). Die Mitarbeiter dürfen nicht zu jung sein (Mindestalter 18 J.).
- Zielsetzung und Arbeitsweise sind vor Beginn der Arbeit zu klären (möglichst schriftlich festlegen).
- Die Trägerschaft muß geklärt sein (nicht auf einzelne Personen ausgerichtet).
- Frage der Finanzierung sauber klären (Miete, laufende Unkosten).
- Empfehlenswert: Vor dem Start einer Teestubenarbeit andere bereits länger bestehende Teestuben aufsuchen und ausführliche Informationen einholen.

Evangelistische Freizeiten

Darüber ist bereits gesprochen worden (Seite 33–36). Diese ausgezeichnete evangelistische Möglichkeit soll hier noch einmal erwähnt werden. Wichtig ist, daß das Programm im guten Sinn attraktiv ist, junge Leute zu begeistern vermag, zugleich aber auch die evangelistische Seite von vornherein im Programm berücksichtigt wurde. Den Teilnehmern muß schon bei der Anmeldung klar sein, welche Programmpunkte zu erwarten sind, Bibelgespräch o.ä. eingeschlossen.

Wahrnehmung der sozialen Verantwortung

Daß evangelistischer Dienst und soziale Verantwortung von der Bibel her zusammengehören, haben wir bereits verdeutlicht. Dabei darf der diakonische Einsatz nicht mit der Absicht geschehen, auf diese Weise zusätzlich Menschen zu erreichen, um sie anschließend für uns zu gewinnen. In der Sicht mancher Christen hat der diakonische Einsatz nur insofern Berechtigung, wie er zugleich Möglichkeiten eröffnet, Menschen mit dem Evangelium zu erreichen. Jesus hat sich der Not der Menschen seiner Zeit angenommen, ohne ihnen Bedingungen zu stellen. Die allerwenigsten der von ihm Geheilten waren in seiner Nachfolge wiederzufinden. Es geht um die selbstlose Art der Hilfe, die zum Zeichen der Liebe Gottes wird.

Rechtfertigen wir damit die Einseitigkeit mancher Gruppen, die ausschließlich soziales Engagement bejahen und praktizieren? Das hieße nur, auf der anderen Seite vom Pferd zu fallen. Jesus selbst hat das Evangelium gepredigt und zugleich Hungrige gespeist und Kranke geheilt. Er nimmt sich der Ausgestoßenen (Zöllner und Sünder) an und verschweigt dennoch nicht die Botschaft, die ihm der Vater aufgetragen hat. Deshalb bejahen wir ohne Einschränkung den evangelistischen Dienst in der Jugendarbeit, sagen aber ebenso deutlich ja zur sozialen Aufgabe. Das letztere unabhängig davon, ob es zur Zeit prestigeträchtig ist oder nicht!

Welche Möglichkeiten sind für Jugendgruppen denkbar?

Hier muß zunächst noch etwas verdeutlicht werden. Nicht jede Jugendgruppe kann alles machen. Auch hier gilt der biblische Grundsatz der wechselseitigen Ergänzung. Zwei Überlegungen helfen hier weiter. Zunächst: Welche Gaben und Kräfte haben wir? Das ist die Frage nach der Gruppenstärke und nach den Begabungen innerhalb der Gruppe. Gaben weisen zugleich auf Aufgaben hin. Die zweite Überlegung führt bereits zur Praxis: Welche Nöte gibt es in unserer Umgebung? Hier gilt es anzufangen.

Nun einige Beispiele für die Praxis.

Alleinstehende alte Menschen

Die hier meist verborgene Not ist größer als allgemein gesehen wird. »Ich habe keinen Menschen« ist dabei für viele Betroffene schlimmer als die knappe Rente oder Sozialhilfe. Wie kann geholfen werden? Die Anschriften erhält man von der Sozialarbeiterin des Bezirks (beim Sozialamt anfragen!), der Gemeindeschwester oder dem Gemeindepfarrer. Die Betreuung ist individuell verschieden: zuhören, vorlesen, Einkäufe erledigen, Wohnung säubern. Entscheidend, daß alles mit Liebe, Freundlichkeit und natürlicher Selbstverständlichkeit getan wird. Die Besuche regelmäßig durchführen, die alten Menschen warten darauf. Dabei die Altenheime des Ortes nicht vergessen!

Nachhilfeunterricht für Ausländerkinder

Über die dringende Notwendigkeit der Hilfe braucht nichts gesagt zu werden. Wie kann man vorgehen? Es ist gut, zunächst mit den Lehrern der Grund- und Hauptschule zu sprechen. Der Nachhilfeunterricht oder die Hilfe bei den Hausaufgaben sollte mit den eventuell von anderer Seite durchgeführten Aktionen abgestimmt sein. Manchmal sind die betreffenden Eltern ablehnend, da sie in anderen Zusammenhängen ungute Erfahrungen gemacht haben. In solchen Fällen ist der Zugang über den Klassenlehrer leichter. Die Betreuung der Kinder schafft gelegentlich auch Kontakt zu den Eltern, die oft in einer Gettosituation leben.

Kinder und Jugendliche in Heimen

Kein noch so gut eingerichtetes Heim kann die Atmosphäre und die Geborgenheit vermitteln, die für junge Menschen in einer intakten Familie gegeben sind. Nicht wenige der in Heimen lebenden Jugendlichen kommen aus zerbrochenen Familien (Scheidungswaisen) und sind verhaltensgestört. Der Kontakt zu ihnen erfordert viel Geduld und Einfühlungsvermögen. Wie sollen sie aber je glauben können, daß Gott sie liebt, wenn sie nie erlebt haben, wirklich angenommen zu sein?

Die Art und Weise, wie hier geholfen werden kann, wird am besten mit der Heimleitung oder den Betreuern abgesprochen. Man kann Heimabende gestalten, persönliche Kontakte knüpfen, eventuell zu Besuchen einladen.

Einige weitere Möglichkeiten seien stichwortartig genannt: Mitarbeit in der Schülermitverwaltung (SMV) als Klassensprecher oder Schulsprecher; Mitarbeit als Jugendvertreter im Betrieb; Hilfe für Drogenabhängige und jugendliche Alkoholiker; Betreuung von Strafgefangenen und Strafentlassenen.

Gemeindejugendarbeit und Weltmission

»Über 2,7 Milliarden Menschen, mehr als zwei Drittel der Menschheit, müssen noch mit dem Evangelium bekanntgemacht werden. Wir schämen uns, daß so viele vernachlässigt wurden; das ist ein ständiger Vorwurf gegen uns und die Kirche. Jedoch ist jetzt in vielen Teilen der Welt eine beispiellose Aufnahmebereitschaft für den

Herrn Jesus Christus zu erkennen. Wir sind überzeugt, daß jetzt die Zeit für Gemeinden und übergemeindliche Werke gekommen ist, ernsthaft für das Heil der bisher nicht Erreichten zu beten und neue Anstrengungen für Weltevangelisation zu unternehmen . . . Missionare sollen in zunehmendem Maße von allen Kontinenten in alle Kontinente im Geist demütigen Dienstes ungehindert gehen. Ziel soll sein, alle verfügbaren Mittel zu benutzen, so früh wie möglich jedem die Gelegenheit zu geben, die gute Nachricht zu hören, zu verstehen und anzunehmen« (Lausanner Verpflichtung, Artikel 9).

Es ist erstaunlich und beschämend, daß für die meisten Jugendgruppen Weltmission kein Thema ist. So sehr es erfreulicherweise den Tatsachen entspricht, daß die Gruppen wieder missionarischer ausgerichtet sind, der Blick geht selten über den eigenen Zaun hinweg. Dabei bezieht sich der uns gegebene Auftrag eindeutig auf die ganze Welt, bis ans Ende der Erde. Das ist keine Frage individueller Entscheidung, dem eigenen Ermessen anheimgestellt, es ist eine Sache des Gehorsams dem auferstandenen, erhöhten Herrn gegenüber. Der Auftrag der Weltmission gehört in jede Gemeindejugendarbeit. Wie kann das geschehen?

1. *Informationen vermitteln!*
Hier ist die Ursache für das schwache Interesse der Jugendgruppe in bezug auf Weltmission zu suchen: mangelnde Information. Der Mitarbeiterkreis muß dafür sorgen, daß das Thema Weltmission regelmäßig im Programm berücksichtigt wird. Mit Hilfe entsprechender Literatur (Missionszeitschriften, Lebensbilder von Missionaren usw.) werden Abende vorbereitet. Tonbildserien und Filme sind ebenfalls bestens dafür geeignet. Sofern die Möglichkeit besteht, aktive Missionare, die gerade in Heimaturlaub sind, für einen Abend einzuladen, sollte das wahrgenommen werden. Die Missionsgesellschaften führen Informationstage als Gästetage durch. Sie sollten gemeinsam besucht werden, ebenso Missionskonferenzen (z.B. der jährlich stattfindende Weltmissionstag in Essen).

2. *Aktiv mitarbeiten!*
Die beste und wirkungsvollste Mitarbeit ist zweifellos *das Gebet.* Die Anliegen aus dem Bereich der Weltmission gehören in die Gebetsgemeinschaften. Wenn möglich sollten Gebetskreise entstehen, die in besonderer Weise diese Anliegen durchtragen. Zur

aktiven Mitarbeit gehört auch die *finanzielle Unterstützung.* Es ist eine gute Sache, wenn junge Christen bereits lernen, regelmäßig einen bestimmten Betrag für den Bau des Reiches Gottes zu geben. Die Regelmäßigkeit ist dabei noch wichtiger als die Höhe der Summe. Bei Gemeindefesten läßt sich mit einem Missionsbasar oft erstaunlich viel Geld für die Mission hereinholen. Das gleiche gilt für Weihnachtsmärkte, Flohmärkte, Volksfeste. Eine Jugendgruppe aus dem Oberbergischen ist seit Jahren mit einem Stand mit selbstgebackenen Waffeln auf dem Flohmarkt des Ortes vertreten. Der ansehnliche Erlös ist für die Missionsarbeit unter Leprakranken bestimmt.

3. *Bereit sein, sich senden zu lassen!*
Es gibt gerade unter jungen Christen seltsame Vorstellungen über Berufung zum Missionsdienst. Manche scheinen auf eine Engelerscheinung zu warten, damit ihnen die Berufungsurkunde ausgehändigt wird. Diese Urkunde ist längst in unseren Händen! Wir sollten den Missionsbefehl in Matth. 28 nur einmal genau lesen. Die Frage für junge Christen kann eigentlich nur lauten: Wie kann ich in bestmöglicher Weise für Gott brauchbar werden? Die Platzanweisung wird unser Herr schon zur rechten Zeit vornehmen.

Der Leiter der Deutschen Missionsgemeinschaft, Bruno Herm, selbst langjähriger Missionar in Aden und in Eritrea, schreibt dazu folgendes:

»Für die Weltmission – sprich Weltevangelisation – hat eine neue Epoche begonnen.

Die pessimistischen Voraussagen der ›Missionsexperten‹ der letzten Jahrzehnte und der jüngsten Vergangenheit haben sich nicht erfüllt. Im Gegenteil: Gott gibt heute in aller Welt Gelegenheiten und Möglichkeiten zur Evangelisation, wie sie wahrscheinlich in der ganzen Geschichte der Gemeinde Jesu noch nie dagewesen sind.

Diese Tatsache stellt jeden Christen vor eine Verantwortung, der er sich nicht entziehen kann. Die ganze Gemeinde Jesu muß heute der ganzen Welt das ganze Evangelium bringen. In den kommenden Jahren werden zahllose junge Christen aus allen Nationen und Rassen gebraucht werden, um unter allen Völkern, Stämmen und Sprachen bis zum letzten Bewohner der Erde das Evangelium in der Weise zu kommunizieren, daß jeder Mensch die Chance erhält, seine Entscheidung für Christus zu treffen. Wir beten und hoffen, daß auch die deutsche Jugend diesen Ruf hören wird. Jeder junge Gläubige sollte so leben, daß jeder Tag eine Vorbereitung und Zurüstung für den eigentlichen Auftrag Christi auf dieser Erde ist: die Weltevangelisation.

Was ist heute nötig, um in der Weltmission wirksam mitarbeiten zu können?

1. Es werden Leute gebraucht, die eine klare und bedingungslose Bekehrung zu und Übergabe an Christus erlebt haben, die sich täglich üben in der kompromißlosen Nachfolge. Ohne diese Voraussetzungen sind alle Gaben, Fähigkeiten und beruflichen Kenntnisse wertlos für die Mission (Römer 12,1.2; Markus 8,35).
2. Es werden Mitarbeiter gesucht, die sich voll und aktiv in das Leben und den Dienst einer Gemeinde oder Gemeinschaft hineingestellt haben, die wissen, wie eine lebendige Gemeinschaft von Christen funktioniert, die im Team leben und arbeiten können. Es werden Scharen von Gemeindegründern gesucht; Einzelgänger sind heute fehl am Platze (1. Korinther 3,5–9; Apostelgeschichte 4,32.33).
3. Es werden Christen gebraucht, die ein Gebetsleben führen und regelmäßig Stille vor Gott suchen. Das Gebet ist die Grundlage jeder Missionsarbeit. Missionare, die nicht erhörlich und anhaltend beten können, sind wertlos. Gebet aber kann nur durch Beten gelernt werden. Der beste Weg dazu ist die Gründung einer Gebetszelle, in der man sich täglich mit einigen Gleichgesinnten zu konzentriertem Gebet trifft (Lukas 18,1; 1.Timotheus 2,1–4).
4. Es werden Zeugen für Jesus gebraucht. Auch Fachkräfte mit differenzierten beruflichen Ausbildungen und Studien müssen gelernt haben, wie man ein Zeugnis von Jesus ablegt und wie man Menschen zu Jesus führt. Wenn 5, 10 oder mehr Jahre Studium und Vorbereitung nötig sind, um in einem Entwicklungsland Entwicklungshilfe leisten zu können, sollte dann nicht auch eine gute Vorbereitung getroffen werden, um Menschen helfen zu können, ewiges Leben zu finden? Eine solche Vorbereitung findet man heute am besten auf einer guten evangelikalen Bibelschule. Auch solche, die keinen ›Ruf‹ in die Mission haben, sollten um ihres

eigenen Glaubenslebens und um ihrer Zurüstung für das Zeugnis willen eine Bibelschule besuchen. Eine der wichtigsten Aufgaben in allen Missionsgebieten ist heute die Schulung einheimischer Kräfte für den Dienst (2. Timotheus 2,2).

5. Es werden Menschen gesucht, die sich in ihrem Beruf bewährt haben und fähig sind, ihre beruflichen Kenntnisse anderen zu vermitteln. Es können alle Berufe irgendwie nutzbar gemacht werden, wenn nur der Träger des Berufs eine geistliche Persönlichkeit ist (Kolosser 3,23).
6. Wir Deutschen müssen mindestens eine Fremdsprache fließend beherrschen, wenn wir irgendeinen Dienst im Ausland tun wollen: Englisch, Französisch oder Spanisch sollte in der Schule oder in Abendkursen mit Fleiß und Ausdauer studiert werden, so daß man in einer dieser Sprachen fließend reden, ohne Mühe verstehen und auch beten kann.
7. Wir brauchen Menschen, die bereit sind, um Jesu willen Entbehrungen und Schwierigkeiten auf sich zu nehmen und auf diesem Gebiet durch ein diszipliniertes Leben Erfahrungen gesammelt haben. Wir suchen Leute, die an Fastentage und Gebetsnächte gewöhnt, mit wenigem zufrieden sind und ihren Körper gesund und leistungsfähig erhalten haben (2. Timotheus 1,8; Matthäus 8,19–21).

Die Welt wartet heute auf solche Christen. All die oben erwähnten Vorbereitungen für den Missionsdienst können während oder neben dem Schulbesuch, dem Studium, der Lehre oder dem Beruf getroffen werden, ohne daß ein besonderer ›Ruf‹ nötig wäre. Es ist vielmehr das normale Leben eines Christen.

Die Missionen kommen heute immer häufiger in Situationen, in denen sie über Nacht Scharen von einsatzbereiten jungen Leuten brauchen könnten, um die plötzlich sich anbietenden Gelegenheiten auszunutzen. Wir brauchen nicht noch mehr ›fromme Touristen‹, die sich die Missionsarbeit erst einmal unverbindlich ansehen wollen, ehe sie entscheiden, ob sie sich zum Dienst zur Verfügung stellen oder nicht. Wir brauchen ein Heer von ›Reservisten für den Missionsdienst‹, Menschen, die bereit sind, dem Aufruf Jesu bedingungslos zu folgen, wann immer und wohin er sie ruft.

Willst Du einer von diesen sein?«

7. Der seelsorgerliche Dienst in der Gemeindejugendarbeit

Begründung und Zielsetzung

Gehört der seelsorgerliche Dienst zu den Aufgaben der Jugendmitarbeiter? Ist dazu nicht ein gewisses Maß an menschlicher und vor allem geistlicher Reife erforderlich, die bei jungen Erwachsenen nicht ohne weiteres vorausgesetzt werden kann? Was meinen wir überhaupt mit »seelsorgerlichem Dienst«?

Ist das bereits Seelsorge, wenn im persönlichen Austausch Nöte und Probleme zur Sprache kommen und Ratschläge gegeben werden? Gewiß nicht. Das seelsorgerliche Gespräch zielt in einer konkreten Situation auf die Begegnung mit dem lebendigen Herrn. »Die Aufgabe des Seelsorgers erschöpft sich darin, seinen Nächsten bei der Hand zu nehmen und mit ihm ... vor den lebendigen Christus zu treten«, so hat Theodor Bovet den seelsorgerlichen Dienst definiert. Dahinter steht die Erkenntnis, daß die entscheidende Hilfe von dem Herrn Jesus Christus kommt, der der eigentliche Seelsorger ist. Wir sind im besten Fall seine Gehilfen. Dazu gibt er allerdings den Auftrag. Seelsorge ist letztlich doch mehr als die »geistliche Feuerwehr«, die gerufen wird, wenn es lichterloh brennt. »Seelsorge ist Ausrichtung des Wortes Gottes an den einzelnen« (E. Thurneysen). Dabei geht es vornehmlich um den Zuspruch und Anspruch des Wortes: Zuspruch als helfendes, aufrichtendes, mutmachendes, wegweisendes Wort, Anspruch als korrigierendes und weisunggebendes Wort. Damit ist die Zielrichtung des seelsorgerlichen Dienstes angedeutet. Seelsorge ist die umfassende Hilfe, die der einzelne braucht, um in der Gemeinschaft mit Jesus leben, wachsen und reifen zu können. So wird er seinerseits fähig zum Dienst am Nächsten. Eine umfassendere Klärung kann hier nicht erfolgen, schon gar nicht die Frage der Zuordnung oder Abgrenzung von Seelsorge und Psychotherapie. Bei schwierigen Fragen wird es für junge Mitarbeiter unumgänglich bleiben, an einen erfahrenen Seelsorger zu verweisen.

Hilfen für die Praxis

Was ist den Mitarbeitern in der Jugendarbeit in bezug auf den seelsorgerlichen Dienst anzuraten? Die folgenden Aspekte sind kein Lernstoff, durch dessen Beherrschung man als Seelsorger ausgewiesen wird. Sie werden aber helfen, Schaden zu vermeiden, wenn seelsorgerliche Hilfe erbeten wird.

1. *Kenntnis des Wortes Gottes*
   Damit meinen wir nicht die Summe aller auswendig gelernten Bibelverse. Im seelsorgerlichen Gespräch darf ja keinesfalls der andere mit Bibelworten erschlagen werden. Das heißt jedoch nicht, daß wir unsere Antworten von den allgemein akzeptierten Verhaltensweisen unserer Umwelt herleiten. Weil wir die Verbindlichkeit des Wortes Gottes für Glaube *und Leben* bejahen, fragen wir nach dem Willen Gottes, wie er in der Bibel erkennbar ist. Wir bejahen die Gültigkeit der Gebote; sie erweisen sich als Hilfe. Sie bewahren vor den Dingen, die unser persönliches und gemeinsames Leben zerstören. Eine Seelsorge, die die Gebote Gottes relativiert, kann nicht biblische Seelsorge genannt werden.
   Mit »Kenntnis des Wortes Gottes« ist aber hier noch mehr gemeint. Der seelsorgerlich Helfende benötigt eine umfassende Kenntnis der Bibel einschließlich der Aussagen, die sich aus dem Ganzen der Schrift ergeben. Was sagt das Wort Gottes zur sozialen Frage, zum Besitz? Wie ist die Stellung des Christen zu den sexualethischen Fragen, wenn er sich am Wort Gottes orientieren will? Wer hier helfen will, muß wissen, was die Bibel als Ganzes dazu sagt. Hier liegt eine wichtige Aufgabe der Mitarbeiter. Durch intensives Forschen in der Schrift müssen sie sich Klarheit darüber verschaffen, welche Antworten die Bibel auf die Fragen der Ethik gibt. »Evangelische Verkündigung scheut sich nicht vor konkreter ethischer Wegweisung« (J. Blunck).

2. *Kenntnis der Situation*
   Der junge Mensch, der ratsuchend vor uns steht, lebt in ganz konkreten Umweltbeziehungen. In ihnen hat er sich zu bewähren, in ihnen erlebt er zugleich sein Versagen. Wenn wir helfen wollen, brauchen wir deshalb nicht nur eine gründliche Kenntnis des Wortes Gottes, sondern ebenso gründlich eine Kenntnis un-

serer Umwelt. Dazu gehören: Schul- und Ausbildungssituation, Bedingungen der Arbeitswelt, allgemeines Freizeitverhalten, die z.Z. vorherrschenden Ideologien und Meinungen. Einzuordnen ist hier aber auch die Kenntnis der verschiedenen Entwicklungsstufen im Reifungsprozeß der Jugendlichen. Manche Schwierigkeiten von Jugendlichen sind phasen- und nicht persönlichkeitsbedingt. Mitarbeiter sorgen gerade um ihres Dienstes willen für eine ständige Erweiterung ihres Horizontes.

3. *Das Annehmen des anderen*
Das gehört zu den Voraussetzungen, wenn wir wirklich helfen wollen. So selbstverständlich es klingt, daß wir den anderen annehmen müssen, wie er ist – in der Praxis versagen wir oft. Arthur Richter sagt dazu in seinem empfehlenswerten Heft über Seelsorge: »Die Fähigkeit, Menschen liebzuhaben, so wie Jesus sie liebte, ist sicher ein Geschenk. Es ist aber müßig, auf diese Gabe zu warten, wenn wir nicht in jedem Einzelfall bereit sind, Menschen innerlich zu bejahen und anzunehmen und aktiv ihr Bestes zu wollen. Wenn ich eines anderen Menschen Bestes will, dann habe ich ihn lieb. Auch hier ist die richtige Reihenfolge zu beachten. Einen Menschen bedingungslos bejahen ist zunächst ein Akt des Willens. Das heißt keinesfalls, mit seinem falschen Tun einverstanden zu sein. Erst das Ja zum Menschen ermöglicht das klare Nein zu seiner Sünde und öffnet die Tür für die Hilfe.«* Das Annehmen des anderen darf aber nicht zu einer falschen Solidarisierung führen. Wir setzen zu keiner »Gegenbeichte« an. Aus der Sicht heraus, sich damit auf die Ebene der Ratsuchenden zu begeben, sprechen manche Seelsorger von eigenem Versagen. Sie verleiten ungewollt dazu, Schuld zu verharmlosen (»wenn selbst *der* hierin versagt hat, ist das bei mir doch verständlich!«). Erfahrungen, die uns selbst zur Hilfe werden, mögen dagegen nach gründlicher Prüfung weitergegeben werden.

4. *Zuhören können*
Zuhören können klingt leicht und ist doch eine Kunst, die nur wenige wirklich beherrschen. Was beinhaltet das Zuhören? Es beginnt mit der äußeren und inneren Zuwendung. Beim seelsorgerlichen Gespräch ist uns nur eins wichtig: der Hilfesuchende. Eige-

* Arthur Richter, Gedanken zur Praxis der Seelsorge, Anderten 1965, S. 10.

ne Fragen, der nächste Termin, die Bibelarbeit am nächsten Abend, alles muß gedanklich beiseite getan sein. Wir wenden uns uneingeschränkt dem anderen zu. Was sagt er, wie sagt er das? Was klingt unausgesprochen mit, wo tritt er bewußt oder unbewußt die Flucht an? Ist er sich der Ursachen seiner Nöte, seines Versagens bewußt, deutet er sie eventuell falsch? Der Helfende darf keineswegs sofort die Diagnose stellen wollen. Hier gilt es zunächst, Hintergründe und Zusammenhänge zu erfassen. Das heißt zugleich, nicht zu schnell selber reden! Gesprächspausen wollen ausgehalten werden. Damit ist zugleich ausgesprochen, daß zum seelsorgerlichen Gespräch gehört, *Zeit zu haben.* Zeit haben wir für das, was uns wirklich wichtig ist. Hier wird es sich erweisen, wie wichtig uns der andere tatsächlich ist.

5. *Zupacken können*

Diese Forderung steht im Gegensatz zur heute vielfach geübten Seelsorgepraxis. Was meinen wir damit? Muß der andere zusammengestaucht, am Boden zerstört werden, damit wir ihn anschließend wieder auf die Füße stellen? Gilt es, ihn mit Bibelstellen zu erschlagen, um ihn auf den Weg der Buße zu bringen? Natürlich nicht. Aber bestimmte Richtungen der modernen Soziologie und Psychologie machen für das Versagen des einzelnen (für sein Fehlverhalten) ausschließlich Faktoren verantwortlich, die außerhalb seiner selbst liegen. Auf diese Weise ist dann allerdings nicht mehr von eigener Verantwortung zu sprechen, ist der Begriff der persönlichen Schuld beseitigt. Schuld tragen dann letztlich die gesellschaftlichen Verhältnisse. Wenn es keine persönliche Schuld, keine Sünde mehr gibt, für die ich verantwortlich bin, verlieren Buße und Vergebung zugleich die Bedeutung für mich. Wir verneinen keineswegs die Zusammenhänge zwischen Umwelteinflüssen und Versagen, bejahen zugleich aber die Sicht der Bibel, daß wir Menschen vor Gott voll verantwortlich sind.

Was bedeutet das für die Praxis des seelsorgerlichen Dienstes? Im Zuhören versuchen wir zu erkennen, wo Sünde geschehen, Schuld vorhanden ist (es gibt auch falsche Schuldgefühle). Wirkliche Schuld darf nicht verharmlost, nicht heruntergespielt, nicht entschuldigt werden (»das tun doch heute alle«). Sünde zieht Gottes Zorn und Gericht auf sich. Wer die Sünde in ihrer zerstörerischen Gewalt nicht ernst nimmt, nimmt auch Gott nicht ernst! Nur auf diesem Hintergrund kommt es zur Erfahrung einer

Vergebung, die einen echten Neuanfang mit einschließt. Zupackende Seelsorge hilft dem anderen, sich im Licht Gottes zu erkennen, führt zur biblischen Buße und läßt Vergebung und Neuanfang erfahren.

6. *Schweigen können*

Was uns im seelsorgerlichen Gespräch anvertraut wurde, darf keinem anderen Menschen weitergegeben werden. Das gilt es auch zu beachten, wenn Angaben über die Person, den Ort und die genauen Umstände ausgelassen oder verändert werden. Manches wurde dennoch »im Vertrauen« weitergegeben, vielleicht im engen Mitarbeiterkreis. Der dadurch angerichtete Schaden läßt sich nicht einmal erahnen. Auch die Sprache der Andeutungen muß unterbleiben. Gelegentlich bietet der Hilfesuchende an, daß wir seine Erfahrungen als Warnung oder Hilfe weitergeben können. Das mag dann die einzige Ausnahme sein, das sonst absolut geltende Schweigegebot zu durchbrechen.

Und wenn wir Kenntnis über Straftaten erlangen? Hier sollten wir mit der Zustimmung des Betroffenen einen erfahrenen Seelsorger hinzuziehen.

7. *Keine Seelsorge »über Kreuz«*

Gemeint ist die Seelsorge von jungen Männern an jungen Mädchen und umgekehrt. Auch eine klare, eindeutige Nachfolge hebt das Mannsein bzw. Frausein nicht auf. Es ist töricht, dies nicht wahrhaben zu wollen. Seelsorgerliches Gespräch bedeutet aber, sich dem anderen gegenüber zu öffnen, Einblick in den intimen Bereich der eigenen Persönlichkeit zu gewähren. Die daraus resultierende Nähe läßt vielfach Gefühle und Empfindungen wach werden, die keineswegs immer gewollt sind, die sich aber auch nicht einfach per Knopfdruck abschalten lassen. Das läßt uns gerade in der Jugendarbeit bei der bewährten Regel bleiben, daß Seelsorge gleichgeschlechtlich geschehen soll.

8. *Selbst in der Gemeinschaft mit Jesus leben*

Wir haben uns bereits klargemacht, daß Jesus selbst der eigentliche Seelsorger ist, wir uns bestenfalls als seine Handlanger verstehen werden. Dann allerdings ist es entscheidend, daß er durch uns wirken und handeln kann. Die Befähigung zum seelsorgerlichen Helfen liegt nicht in der Summe unseres Wissens, auch nicht des biblischen, die Befähigung ist zutiefst eine Frage der Bevollmächtigung durch unseren Herrn. Das wiederum hat zu tun mit der Bereitschaft, keine noch so gering erscheinende Sünde im eigenen Leben zu dulden. »Wer in mir bleibt und ich in ihm, der bringt viel Frucht; denn ohne mich könnt ihr nichts tun« (Joh. 15,5).

8. Gruppenpädagogik in der Gemeindejugendarbeit

Genügt es nicht, wenn junge Mitarbeiter ein klares Verhältnis zu ihrem Herrn und zu seinem Wort haben und so die Arbeit in den Gruppen tun? Sind damit nicht schon die entscheidenden Voraussetzungen gegeben? Wie kommt es, daß manche Gruppenarbeit so mühsam ist, obwohl die Mitarbeiter zu Jesus und seinem Wort stehen? Gewiß sind diese Voraussetzungen unverzichtbar. Es ist aber nicht nur entscheidend, *was* ich weitergebe (Inhalt), sondern auch, *wie* ich es weitergebe (Methode). Wir haben es in der Jugendarbeit sehr wohl mit dem Lehren zu tun: »Lehret sie halten alles, was ich euch geboten habe« (Matth. 28,20). Und wir haben es zugleich mit dem Erziehen zu tun: »bis wir alle hinankommen . . . zur Reife des Mannesalters . . . auf daß wir nicht mehr unmündig seien . . .« (Eph. 4,13 + 14a). Damit sind die Bereiche der Didaktik (Unterrichtslehre) und der Pädagogik (Erziehungslehre) angesprochen. Beide Bereiche gehören deshalb in den Stoffplan einer umfassenden Mitarbeiterschulung. Gewiß können wir innerhalb der Jugendmitarbeiterschulung keine Pädagogen ausbilden. Andererseits entbindet uns das nicht von der Verpflichtung, Hilfestellung zu geben, damit nicht durch völlige Unkenntnis auf diesem Gebiet unnötige Blockaden entstehen. Der für manche Mitarbeiter als quälend empfundene Dienst könnte durch entsprechende Kenntnisse gewiß leichter werden.

Wir beschränken uns in diesem Zusammenhang auf die Gruppenpädagogik, die aber keinesfalls umfassend dargestellt werden kann. Das Folgende muß durch persönliches Studium und vor allem durch gemeinsame Übungen weitergeführt und ergänzt werden.

Einige Grundsätze kennen und beachten

Unlustgefühle und Passivität bei den Gruppenmitgliedern sind häufig durch Überforderung hervorgerufen. Wer mehr Kenntnisse und Fähigkeiten voraussetzt als tatsächlich vorhanden sind, wird nicht mit der Mitarbeit der Gruppe rechnen können. Das entspricht der Forderung der Gruppenpädagogik.

1. *Anfangen, wo die Gruppe steht, und sich mit ihr in Bewegung setzen*
Das betrifft nicht nur die Kenntnisse und Fähigkeiten, sondern auch die Interessen der Gruppe. Nicht vorhandenes Interesse muß zunächst geweckt werden, ehe bestimmte Aufgaben oder Programmpunkte durchgeführt werden können. In der Praxis ist immer wieder zu beobachten, daß einzelne Mitarbeiter bestimmte Aufgaben als richtig und notwendig erkennen. Sie fordern die anderen zum Mittun auf und stürzen sich mit viel Energie in die Arbeit. Nach einiger Zeit geben sie erschöpft und entmutigt auf, weil die Gruppe nicht mitgemacht hat. Ursache: der genannte Grundsatz wurde nicht beachtet.

Ob es sich um Bibelarbeiten, um missionarische Aktionen oder um Vorhaben in bezug auf die Freizeitgestaltung handelt, es ist immer erst zu klären, wo die Gruppe steht, welche Voraussetzungen gegeben oder auch nicht gegeben sind. Die Fragen, die uns weiterhelfen, sind ähnlich zu stellen wie bei der Planung von Jahresziel und Teilzielen (Seite 24).

2. *Mit der Stärke eines jeden einzelnen arbeiten*
Hier begegnet uns von der Gruppenpädagogik her ein neutestamentlicher Grundsatz, nämlich die Gabe einzusetzen, die man empfangen hat. Es gehört zu den Aufgaben der Mitarbeiter, die Fähigkeiten der einzelnen zu entdecken und innerhalb des Gruppenlebens zum Einsatz zu bringen. So gibt es z.B. in jeder Gruppe ein »Organisationstalent«, das man etwa mit der Vorbereitung einer Wochenendfreizeit beauftragt (Unterkunftsmöglichkeit, Fahrt u.ä.). Andere können ihre handwerklichen Fähigkeiten einsetzen, um etwa bei einem Bastelkurs die übrigen anzuleiten. Auf diese Weise gelingt es vielfach, nicht nur die Gruppe zu aktivieren, sondern vor allem die einzelnen zu fördern und zur Mitarbeit zu gewinnen. Manche Jugendliche, die unter Hemmungen leiden, gewinnen auf diesem Weg ein gesundes Selbstwertgefühl. Sie erleben, daß sie in der Gruppe anerkannt werden und so stärker in die Gemeinschaft hineinfinden.

3. *Zur Zusammenarbeit anleiten*
Das muß zum vorangehenden Punkt hinzukommen, soll es nicht zu einem Konkurrenzkampf der einzelnen kommen, der Gemeinschaft zerstört und nicht aufbaut. Im gemeinsamen Planen

und Tun wird erlebt, daß der eigene Beitrag für das Ganze hilfreich, sogar notwendig sein kann. Es kommt ebenfalls zu der Erfahrung der Korrektur, der Notwendigkeit, die eigene Sicht zu begründen oder zu ändern. Aus der so praktizierten Zusammenarbeit erwächst für die Gruppenmitglieder Gemeinschaftsfähigkeit. Damit erreichen wir zugleich etwas, was sich für jede spätere Mitarbeit im Reiche Gottes als hilfreich erweisen wird (wobei uns bewußt ist, daß Gemeinschaftsfähigkeit zusätzlich von anderen Faktoren abhängig ist).

4. *Raum für Entscheidungen geben*
Niemand möge das mit völligem Gewährenlassen gleichsetzen. Die Erfahrung mancher Gruppe mag uns weiterhelfen. Immer wieder wird irgendeine Aufgabe in Angriff genommen, eine bestimmte Aktion gestartet. Die einzelnen sind mit Begeisterung dabei – nach einigen Wochen ist alles im Sande verlaufen. Wer das sofort mit der mangelnden Verbindlichkeit der Jugendlichen zu erklären versucht, macht es sich zu leicht. Wenn Entscheidungen nicht in der Gruppe gefällt, sondern ihr übergestülpt wurden, so wird sich die Gruppe damit nie voll identifizieren. Sobald Schwierigkeiten auftreten oder Durchhaltevermögen gefordert wird, ziehen sich die Beteiligten zurück. Es war schließlich nicht ihre Entscheidung, die Aktion in Angriff zu nehmen. Soll der Leiter einer Gruppe nun völlig zurücktreten? Beide Extreme, völliges Sich-Zurückziehen und autoritäres Bestimmen, sind abzulehnen. Der Leiter wird bei der gemeinsamen Beratung zusätzliche Überlegungen ins Gespräch bringen, die bis dahin nicht bedacht wurden, für eine Entscheidung aber notwendig sind. Er wird darauf zu achten haben, daß es zu keinen spontanen Beschlüssen kommt, die nicht verantwortet werden können, weil sie der Gruppe oder einzelnen Schaden zufügen. Wenn die Gruppe am Ende der Beratung das Empfinden hat, gemeinsam zum Beschluß gekommen zu sein, wird sie sich normalerweise auch für die Durchführung stark machen. Zusätzlich ist das Gruppenempfinden gestärkt und so der Zusammenhalt besser geworden. Die Beteiligten lernen, Entscheidungen zu treffen, und damit zugleich auch, Verantwortung zu tragen.

Gesprächsführung in der Gruppe

»Menschen müssen miteinander reden« – so lautet der Titel eines Buches, das zum Gespräch ermutigt. Warum muß zum Gespräch überhaupt ermutigt und auch angeleitet werden? Manche Mitarbeiter seufzen, wenn sie die Gruppengespräche vor Augen haben. Da wird lange gesprochen, und am Ende ist alles zerredet; es gab heiße Debatten, aber kein befriedigendes Ergebnis. In anderen Gruppen schleppt sich das Gespräch mühsam hin, die Beteiligung ist schwach. Wie kann hier geholfen werden?

Es ist für die Mitarbeiter erforderlich, die verschiedenen *Gesprächsformen* zu kennen. Die wichtigsten sind:

a) Besprechung. Dabei geht es um die gemeinsame Klärung und Entscheidung vorher feststehender Fragen (z.B. Planung im Mitarbeiterkreis). Das Gespräch verläuft sachlich, am besten mit Gesprächsleiter.

b) Gesprächskreis oder Rundgespräch. Hier haben wir es mit der Form des normalen Gruppengesprächs zu tun. Der Name Gesprächs*kreis* oder *Rund*gespräch verdeutlicht schon, daß jeder die übrigen sehen kann und man miteinander Gedanken und Erfahrungen, meist themabezogen, austauscht. Die Atmosphäre ist locker, aber nicht undiszipliniert. Der Gesprächsleiter greift nur ein, wenn es zum weiteren Fortgang des Gesprächs notwendig wird.

c) Vortragsdiskussion oder Aussprache. Vorausgegangen ist der Vortrag eines Referenten über ein bestimmtes Thema. Der Gesprächsleiter sammelt die Fragen und Einwände, ehe er sie ordnet und zur Aussprache stellt. Die Beantwortung darf nicht ausschließlich durch den Referenten erfolgen, es sei denn, die gesamte Gruppe habe sich dafür entschieden. Dann handelt es sich allerdings nicht mehr um eine Aussprache, sondern um eine Referenten- oder Sachverständigenbefragung.

d) Lehrgespräch. Das Ziel des Lehrgesprächs ist die Vermittlung von Kenntnissen und Erkenntnissen. Dabei soll die geistige Mitarbeit der Gruppe erreicht werden. Diese Gesprächsform findet in der Schulungsarbeit stärkere Anwendung, nicht so sehr im normalen Gruppengeschehen.

e) Diskussion. Bei umstrittenen Fragen wird durch eine Diskussion nach der Lösung gesucht. Die Diskussion bedarf einer straffen

Leitung, die dafür sorgt, daß jede Meinung gehört wird und das Gespräch sachlich verläuft. Die Diskussion ist streng von der Debatte zu unterscheiden, bei der es letztlich nicht mehr um eine gemeinsame Klärung, sondern nur noch um den Sieg über den Gegner geht. Debatten haben deshalb in der Gemeindejugendarbeit keinen Raum.

Was ist nun bei der *Gesprächsführung* zu beachten? Folgende Schritte tragen zu einem guten Gesprächsverlauf bei:

a) *Der Gesprächseinstieg.* Hier entscheidet es sich, ob es überhaupt zum Gespräch kommt. Nötig ist in jedem Fall eine klare, eindeutige Formulierung des Themas. Nun geht es darum, das Gespräch auszulösen. Je nach Zusammensetzung der Gruppe kann das durch eine Frage oder auch durch eine provozierende Behauptung geschehen. Eine andere Möglichkeit ergibt sich, wenn man in Kleingruppen von drei oder vier Personen das Thema oder die Frage kurz besprechen läßt, ehe man das Gespräch in der Gesamtgruppe fortsetzt.
b) *Die Gesprächsentfaltung.* Nach der Gesprächseröffnung muß Raum gegeben werden, daß möglichst viele Beiträge kommen. Hier soll mitgedacht und mitgeredet werden. Der Gesprächsleiter hält sich stark zurück, sorgt aber dafür, daß die Gruppe im weiten Sinn doch beim Thema bleibt. In dieser Gesprächsphase darf keinerlei Wertung erfolgen. Fertige Lösungen im Sinne von Patentantworten werden in die Gruppe zur Stellungnahme und damit zur kritischen Durchleuchtung zurückgegeben. Dauerredner müssen freundlich, aber bestimmt unterbrochen werden (»Vielen Dank für den Beitrag. Was meinen andere dazu?«). Sollte das Gespräch stocken, ist es Aufgabe des Gesprächsleiters, neue Impulse zu geben.
c) *Die Ordnung des Gesprächs.* Wenn keine neuen Gesichtspunkte mehr genannt werden, erfolgt durch den Gesprächsleiter eine Zusammenfassung des bisher Gesagten im Sinne einer Zwischenbilanz. Beim Zusammenfassen wird zugleich geordnet, indem Übereinstimmendes und unterschiedliche Aussagen genannt werden. Auch bei diesem Gesprächsgang soll die Gruppe beteiligt sein. Es erfolgt eine gemeinsame Klärung, wo schwerpunktmäßig fortgesetzt werden soll.
d) *Die Weiterführung des Gesprächs.* Mit der Zwischenbilanz ist das Gespräch keinesfalls beendet. Die Gruppe hat lediglich nach der

Ordnung aller Beiträge und Gesichtspunkte festgelegt, über welche Fragen oder Anliegen jetzt schwerpunktmäßig weiter gesprochen werden soll. Im Gegensatz zu der Phase der Gesprächsentfaltung wird der Leiter stärker darauf zu achten haben, daß alle beim nun vorliegenden Thema bleiben. Abweichungen sind nur möglich, wenn die Gruppe zustimmt. Diese in dieser Weise konzentrierte Weiterführung des Gesprächs führt zugleich zu der notwendigen Vertiefung. Hier ist es angebracht, eine Verknüpfung mit der bisherigen Erfahrung der Teilnehmer vorzunehmen (»Stimmt das Gesagte mit unserer bisherigen Erfahrung überein?«). Man kann auch nach den Konsequenzen fragen, die sich aus der Diskussion für unseren Alltag ergeben.

e) *Ergebnis des Gesprächs.* Das darf nicht mißverstanden werden. Nicht jedes Gruppengespräch wird bis zu dem Punkt führen, wo die Beantwortung des Themas voll gegeben ist. Ist das Gespräch dann ergebnislos verlaufen? Keineswegs. Auch das ist ein akzeptables, positives Ergebnis, wenn im gemeinsamen Gespräch die Meinungen der einzelnen neu durchdacht, begründet, korrigiert oder erweitert wurden. Bloß keine fertigen Lösungen überstülpen! Hier gilt der Grundsatz: Nur Reifgewordenes darf entbunden werden. Bei der Zusammenfassung des Gesprächs wird demnach festzuhalten sein, welche Ergebnisse erarbeitet wurden und welche Fragen noch offen geblieben sind.

Was muß außerdem beachtet werden, wenn es zu einem guten Gesprächsverlauf kommen soll? Wir nennen zumindest noch:

Vier weitere wesentliche Voraussetzungen

1. *Die Atmosphäre in der Gruppe entscheidet über den Gesprächsverlauf.* Wenn die Gemeinschaft unter verborgenen oder offenen Störungen leidet, wird kein wirkliches Gespräch im Sinne des Aufeinanderhörens zustande kommen. Je mehr sich der einzelne von der Gruppe angenommen weiß und in ihr wohlfühlt, um so ungezwungener wird er sich zugleich am Gespräch beteiligen. Der Leiter darf nicht durch Mangel an Humor gekennzeichnet sein, er muß aber zugleich dafür sorgen, daß keine Ironie Raum gewinnt. (Humor ist eine Sache des Herzens, sie entspannt und verbindet. Ironie ist eine Sache des Geistes, sie ist scharf und

verletzend.) Wenn ein Gespräch unbefriedigend verlaufen ist, sollte nicht nur nach der Art der Gesprächsführung gefragt werden, sondern auch nach der Atmosphäre in der Gruppe.

2. *Der richtige Ort trägt zum Gelingen bei.* Die Atmosphäre wird eben auch von den äußeren Gegebenheiten beeinflußt, nicht nur von dem Verhältnis der Teilnehmer zueinander. Man muß sich in dem benutzten Raum wohlfühlen. Das hat unter anderem zu tun mit der Raumtemperatur und den Lichtverhältnissen (weder schummrig noch grell). Liebe und Phantasie sind bei der Einrichtung des Raumes wichtiger als große Geldsummen. Die Sitzordnung sollte es ermöglichen, daß jeder jeden sieht. Ein Kreis ist die ideale Form. Ist die Gesamtgruppe zu groß, empfiehlt sich eine Aufteilung in mehrere Gruppen.

3. *Zum Gespräch gehört ausreichend Zeit.* Wer in relativ kurzer Zeit etwas durchpauken will, ist in doppelter Weise als Gesprächsleiter ungeeignet. Einerseits verkennt er das Wesen des Gesprächs, in dem keinesfalls der Leiter einen bestimmten Stoff vermitteln soll. Andererseits ist zum Durchdenken und Aufeinanderhören Zeit nötig. Neue Erkenntnisse und Sichten wollen reifen. Bereits bei der Programmplanung gilt es zu prüfen, ob für den Verlauf des Gesprächs ausreichend Zeit zur Verfügung steht. Ein gutes Gespräch braucht zumindest eine Stunde. Zeit haben ist zugleich auch eine qualitative Frage. Das bedeutet für den Gesprächsleiter, daß er ohne Nervosität, in guter Gelassenheit und Konzentration zugleich das Gespräch leitet. Er muß Zeit haben auch in der Hinsicht, daß seine Gedanken nicht zugleich von persönlichen Problemen oder ähnlichem beschlagnahmt sind.

4. *Zum Gespräch gehört die Bereitschaft, aufeinander zu hören.* Das ist mehr als nur einander nicht ins Wort zu fallen. Vielfach leiden Gespräche darunter, daß die Teilnehmer lediglich ihre schon festliegenden Meinungen äußern wollen. Das echte Gespräch ist keine Aneinanderreihung von Kurzmonologen, es ist Gedankenaustausch im Aufeinanderhören und gemeinsamen Bedenken. Wird der Beitrag des Vorredners aufgegriffen, eventuell hinterfragt oder weitergeführt? Darauf zu achten, gehört ebenfalls zu den Aufgaben des Gesprächsleiters.

9. Rechtsfragen in der Gemeindejugendarbeit

Für viele Mitarbeiter und Gruppenleiter existieren diese Fragen nicht, bis eines Tages ein Versicherungsfall eintritt. Spätestens dann erkundigt man sich, ob die Gemeinde (oder ein anderer) entsprechende Versicherungen abgeschlossen hat. Sofern das der Fall ist, folgt das große Aufatmen – bis eine Klage wegen Verletzung der Aufsichtspflicht ins Haus steht. Wer ist haftbar, wer muß für den Schaden aufkommen?

Es gehört zum Aufgabenbereich der verantwortlichen Mitarbeiter, sich *rechtzeitig* um diese Fragen zu kümmern. Sie müssen die gesetzlichen Bestimmungen für Gruppen- und Freizeitleiter kennen und für ihre Einhaltung in allen Gruppen Sorge tragen. Es ist ihre Aufgabe, dafür zu sorgen, daß die notwendigen Versicherungen abgeschlossen werden. Die Wahrnehmung dieser Verantwortung läßt sich durch Vertrauen auf die bewahrende Macht Gottes nicht ersetzen. Das entspräche einem nicht zu verantwortenden Leichtsinn, nicht aber einem gerechtfertigten Vertrauen. Welche Bestimmungen muß man kennen, was ist zu beachten?

Die Aufsichtspflicht

Kinder und Jugendliche sollen so beaufsichtigt werden, daß sie selbst vor Gefahren und Schaden bewahrt werden und ihrerseits daran gehindert werden, Dritten Schaden zuzufügen. Nun ist völlig klar, daß selbst bei sorgfältigster Wahrnehmung der Aufsichtspflicht Schäden oder Unfälle nicht verhindert werden können. Niemand kann z.B. alle Teilnehmer einer Freizeitgruppe rund um die Uhr im Auge behalten. Was beinhaltet die Aufsichtspflicht, wie ist sie wahrzunehmen? Was schreibt der Gesetzgeber im einzelnen vor?

a) Vorsorgliche Belehrung und Warnung
Dabei handelt es sich um die Gefahren, die sich von dem Ort und der Umgebung ergeben. Zugleich muß eindeutig auf die Folgen eines Fehlverhaltens hingewiesen werden. Einzelne Beispiele zur Verdeutlichung: Verkehrsreiche Straßen am Gemeindehaus oder am Freizeitort; Verhaltensregeln bei Wanderungen oder gemeinsamem Sport; Folgen von Raufereien u.a.m. Der Leiter muß sich

vergewissern, daß die Belehrung und Warnung gehört und verstanden worden ist.

b) *Ständige Überwachung*
Der Gesetzgeber begnügt sich zu Recht nicht mit der Belehrung und Warnung. Der Leiter oder die Mitarbeiter haben ständig zu überprüfen, ob die Anordnungen verstanden *und eingehalten* werden. Bei einer Freizeit wird es nötig sein, die Belehrungen in gewissen Abständen zu wiederholen (abhängig vom Alter der Teilnehmer).

c) *Das Eingreifen*
Im Falle der Nichtbeachtung von Belehrung und Warnung wird das Eingreifen erforderlich. Wie geschieht das in der Praxis? Der nächstliegende Schritt ist die *Verwarnung*. Hier muß sehr eindrücklich auf die Folgen hingewiesen werden, die ein Nichtbefolgen nach sich zieht. Wenn aber auch die (eventuell wiederholte) Verwarnung nicht zur Einsicht und damit zum Einhalten der Anordnungen führt? Als letztes Mittel bleibt die Strafe. Für die normalen Gruppenzusammenkünfte bedeutet das Hausverbot, für die Freizeitarbeit vorzeitiges Nachhauseschicken. Beim letzteren sind auf jeden Fall die Erziehungsberechtigten zu benachrichtigen. Es muß mit ihnen die Art der Reise abgestimmt werden. Ausdrücklich erwähnen wollen wir, daß diese Maßnahmen nur dann von uns durchgeführt werden, wenn alle anderen Möglichkeiten, helfend und korrigierend einzugreifen, erschöpft sind. Zudem muß eine Gefährdung vorliegen; es darf also nicht etwa der Leiter nur demonstrativ seine Autorität beweisen wollen.

Der Aufsichtspflicht ist Genüge getan, wenn diese Punkte – Belehrung und Warnung, Überwachung und Eingreifen – regelmäßig praktiziert werden. Welche Situationen erfordern eine *besondere Sorgfalt?*

Zum *Baden* ist bei Minderjährigen eine schriftliche Erlaubnis der Erziehungsberechtigten erforderlich. Sofern in freien Gewässern oder im Meer gebadet wird, muß auf besondere Gefahren hingewiesen werden (Untiefen, Strömungen usw.). Auf je 10 Teilnehmer sollte ein Rettungsschwimmer kommen. Auch geübte Schwimmer sollen nicht allein hinausschwimmen! Es muß eindeutig angeordnet werden, wann das Baden zu beenden ist. Außerdem muß kontrolliert werden, ob der gesetzte Zeitpunkt eingehalten wird.

Bei *Wanderungen*, vor allem im Gebirge, besondere Hinweise geben und beachten. Bergwanderungen nicht ohne qualifizierte Führer.

Bei *Erkrankungen* während einer Freizeit sollte ein Arzt hinzugezogen werden. Ohne ärztliche Verordnung keine Medikamente verabreichen, nicht selbst behandeln wollen.

Die Aufbewahrungspflicht bei Freizeiten

Am Beginn der Freizeit ist darauf hinzuweisen, daß Bargeld und Wertgegenstände (Fotoapparate u.ä.) zur Aufbewahrung gegeben werden können und keine Haftung übernommen wird. Auf manchen Freizeiten hat sich die Einrichtung einer »Lagerbank« bewährt. Jeder Teilnehmer kann dort am Anfang sein Geld einzahlen und zu bestimmten, regelmäßigen Zeiten einzelne Beträge »abheben«. Der Gruppenleiter verwahrt das Geld sicher in einer Stahlkassette und führt für jedes Konto Buch.

Die Haftpflicht

Wie steht es mit der *Haftung des Leiters?* Hier geht es um die Schadenersatzpflicht oder Regreßpflicht. Im Zusammenhang mit der Aufsichtspflicht ist der Leiter schadenersatzpflichtig, wenn dem Jugendlichen ein Schaden zugefügt wurde oder ein minderjähriger Jugendlicher einem Dritten Schaden zugefügt hat. Dieser Bereich umfaßt die *zivilrechtliche Haftung*. In manchen Fällen wird es schwierig sein, nachzuweisen, daß die Aufsichtspflicht nicht vernachlässigt wurde. Als grob fahrlässig gilt, wenn man vom Leiter üblicherweise ein anderes Verhalten hätte erwarten können.

Der andere Bereich ist die *strafrechtliche Haftung*. Sie tritt ein, wenn der uns anvertraute Jugendliche Handlungen begeht, die vom Gesetzgeber mit Strafe bedroht werden und die bei genügender Aufsicht hätten verhindert werden können.

Der Versicherungsschutz

Aus dem Gesagten folgt, daß keine Jugendgruppe und keine Leiter oder Mitarbeiter ohne *ausreichenden Versicherungsschutz* sein dürfen. In jedem Fall ist eine entsprechende *Unfall- und Haftpflichtversicherung* abzuschließen. Darauf achten, daß der Versicherungsbereich nicht nur das Inland umfaßt und daß die Versicherungssummen hoch genug gewählt sind. Man fordere spezielle Merkblätter an!

Ein weiteres wichtiges Rechts- und Gesetzesfeld wird vom *Jugendschutzgesetz* beschrieben. Sowohl Gruppenstunden wie Freizeiten und Wanderungen, ja schon der Gang ins »Städtchen«, gelten als öffentliche Veranstaltungen und unterliegen damit dem »Gesetz zum Schutze der Jugend in der Öffentlichkeit« (Auskunft beim Jugendamt bzw. Jugendpfleger). Die Information hierüber gehört mit zur Vorbereitung für den Gruppenleiter und die Mitarbeiter. (Z.B. dürfen Jugendliche unter 16 Jahren nur unter bestimmten Bedingungen ohne die Begleitung eines Erziehungsberechtigten eine Gaststätte besuchen. Als Erziehungsberechtigte gelten Erwachsene ab 18 Jahren.)

In all diesen Rechtsfragen können die zuständigen Mitarbeiter des städtischen Jugendamtes oder der Stadtjugendpfleger beraten. Viele Jugendämter haben Merkblätter und Informationsschriften zu diesem Thema. Ein Gang zum Jugendamt kann sich also durchaus lohnen.

10. Arbeitsmaterial und Hilfen für die Gemeindejugendarbeit

Langjährige Praktiker der Jugendarbeit haben meist selbst herausgefunden, welche Arbeitshilfen für die Durchführung gebraucht werden, zugleich auch, wo sie zu finden sind und wie man sie einsetzt. Bevor mehrere Arbeitshilfen aufgezählt werden, sind einige grundsätzliche Hinweise angebracht.

»Wer Ordnung hält, ist nur zu faul zum Suchen.« Dieser scherzhafte Satz macht auf eine wichtige Sache aufmerksam. Manchem Mitarbeiter geht in der Tat kostbare Vorbereitungszeit verloren, weil er keine Ordnung kennt. Da wird stundenlang nach einem bestimmten Artikel gesucht, den man zur Vorbereitung des Gruppenabends benötigt. Die verbleibende Zeit reicht nicht mehr für eine verantwortungsbewußte gründliche Erarbeitung. So verläuft der Abend unbefriedigend.

Empfehlenswert ist für jeden Mitarbeiter eine kleine Kartei. In alphabetischer Reihenfolge werden Karteikarten mit Stichworten versehen (z.B. Abendmahl, Advent bis Zukunft). Auf den Karten wird vermerkt, in welchem Buch oder welcher Zeitschrift Entsprechendes zum Thema zu finden ist. Eventuell geeignete Artikel ausschneiden und in einem Ordner aufbewahren.

Es ist ebenfalls gut, Kataloge und Verzeichnisse gut geordnet abzulegen. Gemeint sind Verlagsverzeichnisse, Kataloge über Filme und Tondiaserien, Anschriften von Musikgruppen und Referenten und anderes mehr.

Die folgende Aufzählung von Arbeitshilfen stellt zwangsläufig nur eine Auswahl dar und bedeutet keine Wertung der nicht erwähnten Veröffentlichungen.

Literatur

1. Vorbereitung und Durchführung von Bibelarbeiten

a) Verschiedene Bibelausgaben
Revidierte Lutherbibel 1984 (Deutsche Bibelgesellschaft)
Zürcher Bibel (Verlag der Zwingli-Bibel)
Menge Bibel (Deutsche Bibelgesellschaft)
Revidierte Elberfelder Bibel 1985 (R. Brockhaus)

Die Gute Nachricht. Die Bibel in heutigem Deutsch (Deutsche Bibelgesellschaft)
Eine ausgezeichnete Hilfe bietet die »Lutherbibel erklärt« (Deutsche Bibelgesellschaft), die neben dem Text sehr hilfreiche Auslegungen und Erläuterungen enthält.

b) Auslegungsreihen
Wuppertaler Studienbibel (NT und Einzelbände AT; R. Brockhaus)
W. Barclay, Kommentarreihe zum NT (Aussaat)
Das lebendige Wort (AT; Brunnen)
Die Botschaft des Alten Testaments (Calwer Verlag)
Edition-C-Bibel-Kommentar (Hänssler)

c) Nachschlagewerke:
Lexikon zur Bibel (R. Brockhaus)
Alexander, Handbuch zur Bibel (R. Brockhaus)
Bremer Biblische Handkonkordanz (Christl. Verlagshaus)
Rowley, Atlas zur Bibel (R. Brockhaus)
H. Ockert, Bibelkunde für junge Christen (Aussaat)
Große Konkordanz zur Lutherbibel (Christl. Verlagshaus/Calwer Verlag)
Biblisches Wörterbuch (R. Brockhaus)
Alexander, Die Welt der Bibel (R. Brockhaus)
F. Hauss, Biblische Taschenkonkordanz (Hänssler)

d) Methodische Anleitungen:
K. Beyer, Wie bereite ich eine Bibelarbeit vor? (R. Brockhaus)
H. Krause, Baustelle Leben (Aussaat)
R. Zelewske, Tips und Themen für Jugendgruppen (Born)
R. Zelewske, Eigentlich so wie wir (Verlag der Liebenzeller Mission)
H. Ockert, ... rede und schweige nicht! (Aussaat)
W. Wanner, Werkbuch Gleichnisse (Brunnen)
Erl/Gaiser, Neue Methoden der Bibelarbeit (Katzmann)

2. *Handbücher für Jugendarbeit, Gruppenpädagogik*
M. Liedholz, Unterwegs mit jungen Menschen (Brunnen)
W. Wanner, Jugend aktiv (Brunnen)
W. Erl, Gruppenpädagogik in der Praxis (Katzmann)
W. Erl, Methoden moderner Jugendarbeit (Katzmann)

3. *Bücher für Gruppenabende und Freizeitgestaltung*
Hier sei auf die zahlreichen Bücher verwiesen, die in verschiedenen Verlagen erschienen sind: Vorlesebücher, Quizbücher, Anleitungen zum Spielen und Basteln.
Wegen der Bedeutung für den gesamten Bereich der Jugendarbeit sei besonders erwähnt: P. Seipp, RECHTS-ABC für den Jugendgruppenleiter (Luchterhand)

4. *Hilfen zum missionarischen Dienst*
U. Parzany, Zeugen gesucht (Aussaat)
P. Little, Weitersagen (Aussaat)
U. Parzany, Wie führe ich ein engagiertes Gespräch ... (Missionstrupp Frohe Botschaft)
P. Lenz, »... und führte ihn zu Jesus« (Bundes-Verlag)
M. Green, Evangelisation zur Zeit der ersten Christen (Hänssler)
R. E. Coleman, Des Meisters Plan der Evangelisation (Hänssler)
W. Noack, Modell Teestube (Hänssler)
A. Malessa, Tausend Tips für Mitarbeiter (Schriftenmissions-Verlag)

5. *Anleitung zur Seelsorge*
J. E. Adams, Handbuch für Seelsorge (Brunnen)
D. Bonhoeffer, Gemeinsames Leben (Kaiser)
H. Rohrbach, Mit dem Unsichtbaren leben (R. Brockhaus)
M. Horie, Achtung: Fehlschaltung! (R. Brockhaus)
J. Busch, Stille Gespräche (Aussaat)
W. Wanner, Wer bin ich – Wer bist Du? (Aussaat)
A. Schöll, Handbuch Jugendreligionen (Brunnen)
W. Wanner, Seelische Krisen – und ihre Bewältigung (Brunnen)

6. *Zeitschriften für Jugendmitarbeiter*
Mitarbeiterzeitschriften sind eine unentbehrliche Arbeitshilfe für die Praxis. Sie enthalten Grundsatzartikel über Fragen der Jugendarbeit, Information und zugleich ständig Anregungen für die Durchführung der verschiedenen Arbeitszweige.

Es empfiehlt sich das persönliche Abonnement. Zumindest sollte der Mitarbeiterkreis die Zeitschriften beziehen und damit arbeiten. Von den verschiedenen Mitarbeiterzeitschriften seien hier folgende genannt:

Von b bis y, Materialhefte für Gemeindejugendarbeit (Oncken Verlag Kassel) – viermal jährlich

Mitarbeiterhilfe, Zweimonatszeitschrift für evangelische Jugendarbeit; Herausgeber CVJM – Gesamtverband in Deutschland e.V., Postfach 410149, 3500 Kassel

Der Steigbügel, viermal jährlich. Herausgeber: Schriftenniederlage des Evang. Jugendwerks in Württemberg, Danneckerstr. 19a, 7000 Stuttgart 1

Auftrag und Weg, Zeitschrift für Mitarbeiter (Born-Verlag)

7. *Schulungsmaterial*

Für die missionarische Zurüstung der Gruppen und für das persönliche wie gemeinsame Bibelstudium gibt es einige sehr hilfreiche Veröffentlichungen. Empfehlenswert: Ansichtsexemplare bestellen!

Sehr weite Verbreitung hat der anläßlich des Christivals erschienene »*Missionarische Grundkurs*« erfahren. In vielen Gruppen hat er sich seitdem als hilfreich für die missionarische Zurüstung erwiesen. Eine in sich abgeschlossene Fortsetzung ist der »*Missionarische Aufbaukurs*«. Beide können bestellt werden bei der Geschäftsstelle der AG-Jugendevangelisation e.V., Hohenburgstraße 96, 4300 Essen 1

Bibelkurse sind zu beziehen durch:

Aktion in jedes Haus, Markgrafenstraße 15, 5830 Schwelm
Campus für Christus, Schiffenbergerweg 11, 6300 Gießen
Christl. Verlagsgesellschaft, Blücherstraße 1, 6340 Dillenburg
Die Navigatoren, Hausdorffstraße 130, 5300 Bonn

8. *Evangelistische Verteilschriften*

Auch hier ist es ratsam, jeweils ein Sortiment zu bestellen, um der Situation entsprechend auswählen zu können.

Einige Bezugsmöglichkeiten:

Schriftenmission des MFB, Postfach 1180, 3432 Großalmerode
Verlag des Mutterhauses Aidlingen, 7031 Aidlingen
Deutscher Christlicher Techniker-Bund e.V., Postfach 1122, 7015 Korntal
Bundes-Verlag, Am Goltenkamp 4, 5810 Witten 4
Campus für Christus, Schiffenbergerweg 11, 6300 Gießen

Fremdsprachige Verteilschriften können bezogen werden von:

Mission für Südosteuropa, Im Wiesental 48, 5900 Siegen 21
Evangelischer Ausländerdienst, Ehmsenstr. 36, 4600 Dortmund

Technische Hilfsmittel

Die technischen Hilfsmittel, z.B. Tondiaserien, sind für die Jugendarbeit eine wertvolle Hilfe. Sie verleiten zugleich aber auch, die Vorbereitung für die Gruppenzusammenkünfte nur oberflächlich vorzunehmen. Auf diese Gefahr wollen wir vorweg deutlich hinweisen. Die Vorbereitung beinhaltet nicht nur die Auseinandersetzung mit dem angeschnittenen Thema, sie schließt die äußeren Faktoren wie Geräte, geeignete Räumlichkeit u.ä. ein. In jeder Jugendgruppe sollten Mitarbeiter vorhanden sein, die an entsprechenden Kursen der Volkshochschule, des Stadt- oder Kreisjugendamtes oder anderer Stellen teilgenommen haben. Der sachgerechte Umgang mit den audiovisuellen Medien muß gelernt werden. Die Kurse machen mit der jeweiligen Technik und dem methodisch richtigen Einsatz vertraut. Wir beschränken uns bewußt auf die Aufzählung der verschiedenen Möglichkeiten und gegebenenfalls der Bezugsquellen.

a) Schallplatten und Kassetten

Angeboten werden Schallplatten und Kassetten mit z.T. sehr brauchbaren Hörspielen, mit Ansprachen evangelistischen oder weiterführenden Inhalts, mit Liedern und Musik der unterschiedlichen Stilrichtungen mit verschiedenen Interpreten.
Empfehlenswert: Anfordern von Katalogen bei den Verlagen, z.B.:
Credo Schallplatten, Verlag Junge Gemeinde, Stuttgart;
Hänssler-Verlag, 7303 Neuhausen-Stuttgart;
Missionstrupp Frohe Botschaft, 3432 Großalmerode;
Abakus-Schallplattenverlag, 6349 Greifenstein.

b) Tonbildreihen und Filme

Filmverleih Christus für Alle, 7303 Neuhausen-Stuttgart;
Billy Graham-Filmdienst, 7303 Neuhausen-Stuttgart;
Jugend-für-Christus, 6109 Mühltal;
Bibellesebund, 5277 Marienheide;
Außerdem: Landes- und Kreisbildstellen.
Zum Thema Weltmission schreibe man die Missionsgesellschaften an.

c) »Junge Welle« des Evangeliums-Rundfunks, Wetzlar

Die regelmäßigen Jugendsendungen der »Jungen Welle« sind in

ihrer Vielseitigkeit sehr gut verwendbar. Es empfiehlt sich, Programme anzufordern (Evangeliums-Rundfunk, Berliner Ring, 6330 Wetzlar).

Besonders sei auf den einmal im Monat gesendeten »junge welle service« hingewiesen. Es handelt sich um Mitarbeiter-Schulungen, die von der Arbeitsgemeinschaft Jugendevangelisation gestaltet werden.

Kassetten dieser Sendungen können entliehen werden bei der Geschäftsstelle: AG-Jugendevangelisation e.V., Hohenburgstraße 96, 4300 Essen 1.

Inzwischen wird der *Tageslichtschreiber* (Overheadprojektor) mehr und mehr eingesetzt. Er ersetzt die früher verwendete Tafel, bietet zusätzlich die Möglichkeit, vorgefertigte oder selbstgefertigte Folien zu verwenden. Die Anschaffung lohnt sich auf jeden Fall, wenn der Tageslichtschreiber zugleich auch den übrigen Arbeitsgruppen in der Gemeinde zur Verfügung steht.

Erwähnt sei noch der Kassettenrecorder. Mit ihm lassen sich eigene Produktionen, wie Hörspiele und Interviews, fertigen und einsetzen.

Und was ist von dem Einsatz von Videokassetten zu halten? Wir sollten dieses neue Medium nicht deshalb grundsätzlich ablehnen, weil es von vielen Geschäftemachern in unverantwortlicher Weise mißbraucht wird. Entsprechende Kassetten ermöglichen z.B. einen guten Einstieg in einen evangelistischen Abend oder das gemeinsame Hören eines Referates. Der Evangeliums-Rundfunk in Wetzlar bietet inzwischen eine Reihe empfehlenswerter Kassetten an.

Für alle technischen Hilfsmittel gilt, daß sie bei sachgemäßem Einsatz eine gute Ausweitung der methodischen Möglichkeiten erbringen, zugleich auch durch die Nutzung des optischen Effektes pädagogisch wirkungsvoller zu arbeiten ermöglichen.

Für alle hier erwähnten Hilfsmittel gilt, daß sie ständig auf den neuesten Stand zu bringen sind, vor allem durch die Veröffentlichungen der verschiedenen Verlage. Die Hilfsmittel erleichtern die Erfüllung des Auftrags, deshalb nehmen wir sie dankbar an.

Entscheidend für die Gemeindejugendarbeit ist jedoch etwas anderes. Durch nichts zu ersetzen und deshalb absolut notwendig sind Mitarbeiter, die, ihres Auftrages gewiß, in kompromißloser Hingabe an ihren Herrn dafür brennen, junge Menschen in die Nachfolge Jesu zu rufen. Solche Mitarbeiter zu gewinnen und zuzurüsten, ist bleibendes Anliegen und Gebet!

Karl Beyer

Wie bereite ich eine Bibelarbeit vor?

64 Seiten, R. Brockhaus Taschenbuch, Bestell-Nr. 20390

Wer in der Jugend- und Gemeindearbeit vor die Aufgabe gestellt wird, eine Bibelarbeit durchzuführen, weiß oft nicht recht, wie er sich darauf vorbereiten soll.

- Welchen Text soll ich wählen?
- Wie kann ich sicherstellen, daß ich selbst den Text richtig verstehe?
- Wie kann ich den Hauptgedanken, das Ziel des Textes ermitteln, damit die Bibelarbeit nicht in Nebensächlichkeiten abgleitet?
- Welche Methoden der Bibelarbeit sind dem Text und der Gruppe angemessen?
- Welche Hilfsmittel gibt es für die Vorbereitung und die Gruppenarbeit?

Diese Fragen werden hier knapp und konkret beantwortet.

Da der Schwerpunkt auf der *Vorbereitung* liegt, gibt dieses Arbeitsheft auch wertvolle Anregungen für die Erarbeitung von Predigten und für das persönliche Bibelstudium.

Richard Passanah

Wer? Was? Wo?

Bibelquiz für Anfänger und Fortgeschrittene

64 Seiten, Ypsilon-Jugendtaschenbuch, Bestell-Nr. 27518

- Wie hießen Jakobs Söhne?
- Wie alt wurde Mose?
- Wo wurde Jesus geboren?

Solche und ähnliche Fragen bilden diese Bibeltests. Die Fragen stammen aus dem Alten und Neuen Testament, sind unterschiedlich schwierig und wurden deshalb in verschiedene Schwierigkeitsgrade eingeteilt. So ist es für den einzelnen oder den Gruppenleiter leicht, die den Gruppen entsprechenden Tests herauszufinden.

Ein Buch, das man für Bibelstunden, Jugendgruppen, Konfirmandenunterricht gut gebrauchen kann.